每个孩子都是天使

好妈妈不吼不叫，

# 正面管教

孩子的

Haomama
Buhou Bujiao

# 100个细节

唐昕——

著

江苏凤凰美术出版社
全国百佳图书出版单位

# 序

## 和孩子一起成长，
## 是最好的管教

家是孩子人生的第一间教室，父母是孩子的第一任老师。为人父母，管教好孩子是一项重大的责任，也是一件极具挑战性的工作。父母在与孩子的相处过程中，总会爱意浓浓，可是无论我们多爱自己的孩子、无论我们心多宽，都无法避免与孩子间的种种困扰和纷争：

孩子睡觉前各种"拉锯战"，起床和出门时的磨蹭、不合作；

孩子撒谎、逆反、顶嘴、注意力不集中、哭闹、攻击他人、胆小懦弱、不合群、依赖电子产品等不良行为；

对教育孩子感到头痛，不知道如何才能教孩子在未来竞争激烈的社会中立足；

对孩子学业不良感到束手无策；

不管怎样跟孩子讲道理，孩子就是不听话，无法沟通，更不能理解你的感受；

面对孩子的不合作，是说教斥责还是打骂惩罚，是让步妥协还是放任不管，是严格管教还是自由成长，这些常常让你陷入纠结；

当忍不住用贿赂、惩罚、吼叫、责骂和体罚等手段来对待孩子时，你感觉愧疚、自责、挫败，却又找不到一个科学有效的方法来管教孩子……

如果你正经历着这些烦恼，情绪一度处于烦躁、气恼、无奈，甚至崩溃的边缘时，不妨考虑下你对孩子的管教方式是否科学。

父母对孩子的管教，方法最为重要！正面管教育儿体系是父母应该掌握的一种既不惩罚、也不娇纵的管教孩子的方法，正面管教的方式能够缓解孩子与父母间的紧张关系，结束孩子与父母间的各种冲突阵势，让孩子愿意与父母主动合作。

本书引入了正面管教这一先进的教子理念和方法，结合当今社会大多数家庭的生活实际，列举出正面管教孩子的具体细节，彻底否定了传统的说教、批评、打骂、娇惯、溺爱等种种不当的教育方式。相信父母们通过阅读本书，能够更好地了解正面管教的初衷，掌握正面管教的方法，让每一个孩子在正面管教的帮助下健康、快乐、优秀地成长！

# 目录

**Part 01　正面管教：教孩子不用吼叫和棍棒**

正面管教：和善而坚定的爱 / 2

正面管教的八大板块 / 4

衡量是否有效管教的四个标准 / 11

**Part 02　孩子不好管？其实是你用错了方法**

爱哭的孩子可以这样管 / 14

孩子发脾气，你别急 / 17

带着孩子一起收拾房间 / 19

教孩子合理上网，却不沉迷于网络 / 21

孩子爱看电视，别强行制止 / 23

和孩子对话，而不是训话 / 25

别跟爱顶嘴的小孩急 / 28

只做不说，行动胜过言语 / 30

别羡慕"别人家孩子" / 32

不抓狂，孩子也会乖乖吃饭 / 34

孩子爱挑衣服不是坏事 / 36

跟孩子讲故事，别讲道理 / 38

用幽默的方式与孩子沟通 / 41

## Part 03    对孩子暖心的爱，是最好的正面管教

请先了解你的孩子 / 44

用有效的方式与孩子沟通 / 46

对孩子存一份合理的期望 / 49

别在孩子面前唠叨个不停 / 51

多给孩子一些倾诉时间 / 53

用心聆听，听懂孩子的话外音 / 55

平衡好你对两个孩子的爱 / 57

孩子正在等待你发出的爱的信号 / 60

你有信心，孩子自然信心十足 / 62

多鼓励孩子，而不仅仅是赞扬或奖励 / 64

做错了，就真诚地向孩子道歉 / 66

## Part 04 别怀疑，每个孩子都是天才

孩子的成绩单不能说明一切 / 70

给孩子最大的权限去独立思考 / 72

孩子的事情，让他自己去选择 / 74

孩子有兴趣，才能长久持续发展 / 76

保护孩子的好奇心，激发孩子的求知欲 / 78

孩子的专注力可培养、可提升 / 81

告诉孩子，别轻言放弃 / 83

## Part 05 合群的孩子，每天都会很快乐

走进幼儿园，走进交际圈 / 86

允许孩子自私，教会孩子分享 / 88

把交朋友的自由还给孩子 / 90

孩子与人起争执，不要急于插手 / 92

不要漠视孩子的攻击性行为 / 94

让害羞的孩子变得阳光开朗 / 97

## Part 06 所有美好的品格，孩子都能受用一生

答应孩子的事不要一再爽约 / 100

跟孩子谈谈说话的规矩 / 102

带孩子适应社会，建立秩序感 / 105

告诉孩子，拿别人的东西要得到允许 / 108

给孩子心中播下博爱的种子 / 110

不要夸赞孩子的外表，要夸赞行为 / 113

夸孩子努力，别夸孩子聪明 / 115

每个孩子都可以参与做家务 / 117

早点给孩子灌输纪律观念 / 120

孩子的拖延症，越早戒掉越好 / 122

别给孩子破坏规矩的特权 / 125

## Part 07　学习，原本可以是件很轻松的事

劳逸结合，别强制孩子只学习 / 128

让孩子养成主动学习的良好习惯 / 131

全面辅导不如教会孩子怎样学 / 134

引导孩子关注知识、爱上学习 / 137

孩子粗心大意，家长要耐心纠正 / 140

给心态浮躁的孩子多些"磨炼" / 142

写作业磨蹭，真的是孩子的问题吗？ / 145

让孩子自觉写作业，方法很简单 / 148

贪玩、不专心的孩子需要劳逸结合 / 150

尽早平衡孩子的偏科现象 / 152

先消除厌学孩子的负面情绪 / 155

让孩子愉快地面对考试 / 158

## Part 08　多陪陪孩子，关爱孩子的身心健康

孩子的事，请和孩子商量 / 162

不要以爱之名侵犯孩子的隐私 / 165

给懦弱的孩子足够的安全感 / 167

有理想的孩子更有进取心 / 169

良性竞争，让孩子健康成长 / 171

别压抑孩子，陪他一起发泄不良情绪 / 174

赋予孩子说"不"的权利 / 177

无意间的"嘲笑"会伤了孩子自尊 / 180

拟定作息时间表，让孩子有时间观念 / 182

及早纠正孩子挑食，但别操之过急 / 184

远离肥胖，鼓励孩子坚持运动 / 186

## Part 09　世界没有那么好，教孩子保护好自己

培养孩子镇定自若的品质 / 190

让孩子远离校园暴力的伤害 / 193

让孩子学会应对突发事件 / 196

教育孩子珍爱生命，远离交通伤害 / 198

了解校园绑架，让孩子冷静面对 / 200

女孩更要培养自我保护意识 / 202

## Part 10　现在的财商教育，是给孩子未来的财富

早点给孩子灌输理财知识 / 206

告诉孩子钱是怎么赚来的 / 208

教孩子理性消费，合理分配零花钱 / 211

让孩子了解储蓄和投资知识 / 214

鼓励、培养孩子的赚钱意识 / 216

告诉孩子：君子爱财，取之有道 / 219

教孩子以节俭为荣，以浪费为耻 / 222

## Part 11　放慢脚步，陪孩子一起成长

给孩子启发，让孩子爱上音乐 / 226

孩子学舞蹈，少不了你的坚持 / 228

让孩子学学书法，练就一颗沉静的心 / 231

给孩子铺上画纸，让他的想象驰骋 / 233

阅读，让孩子的生活丰富多彩 / 236

假期里，不要剥夺孩子娱乐的权利 / 239

多彩假期，夏（冬）令营不可少 / 241

# Part 01

# 正面管教：教孩子不用吼叫和棍棒

# 正面管教：和善而坚定的爱

正面管教，译自英语的 Positive Discipline，也有人翻译为积极训导或者积极教养。它以奥地利心理学家阿尔弗雷德·阿德勒和鲁道夫·德雷克斯的"个体心理学"理论为基础，由美国教育学博士简·尼尔森和心理学家琳·洛特在 20 世纪六七十年代提出，是美国公认的经典育儿体系。

正面管教认为：惩罚带给孩子的是叛逆或顺从，不是改变；娇纵教会孩子"爱我就得照顾我，给我一切我想要的"，以及"我不行，我不能承受任何挫败"。孩子的动力都是来自于外在的控制。

正面管教强调不惩罚、不娇纵，以父母和孩子之间的相互尊重和合作为基础。它把和善与坚定融为一体，并以此为基石，通过家庭会议、鼓励、从错误中学习等多种工具和方法，在孩子自我控制的基础上，培养孩子的各项品格和生活技能。

正面管教的理念里，充满了非惩罚的、懂得尊重自己和他人的解决方法，这些方法，将引导家长把正面管教的核心理念——"和善而坚定"积极运用到自己的生活中，使自己在面对孩子的各种"挑战"时有恰当的沟通及处理方法；使自己成为温柔而坚定的父母，既让孩子感受爱和尊重，又让孩子明白界限在哪里，同时让孩子发自内心地自律，而非他律；使自己能够探究孩子错误行为背后的动机，引导孩子遇到困难着重于寻找解决方案，走入孩子的内心世界，重新认识孩子和自己，"出乎本能"地改变自己和孩子之间的相处模式，使家庭变得更加欢乐与和谐，同时也让自己享受到为人父母的乐趣。

正面管教所应做到的一切都不是用来改变孩子的行为的，而是要为孩子创造一个持续鼓励的环境来支持他们成长。正面管教下的孩子更容易感受到自己"被爱着""受欢迎""有能力"，而这些都是帮助孩子成为更好的自己最有利的内在助力。

所以，作为家长必须明白，正面管教的教育方式不是让你改变孩子的信念，而是帮助孩子成为他想成为的人。

# 正面管教的八大板块

正面管教是一种被无数家庭验证过的、行之有效的培养孩子的情商，引导孩子自立，提高孩子的综合素质，让孩子成为一个对社会有贡献之人的教养方式。这种教养方式正是很多希望找到科学教养方式的家长所苦苦追寻的。

从字面意思来理解，家长要做好正面管教并不难，但要真正在与孩子有关的每一件事情上都做到正面管教并不容易。因为正面管教的核心是很难用一句话总结出来的。

正面管教的原理主要由以下八个板块组成。

## 1. 理解孩子的四类错误行为目的

教育孩子，不能只看到孩子本身的行为，而要冷静地思考其行为背后的原因。以孩子吃饭慢这件事为例：孩子为什么吃饭这么慢？是因为喜欢边吃边玩，还是喜欢和家人坐在一起吃饭的氛围？是消化系统有问题，还是有某种心理需求？作为父母，只有把这些问题弄清楚了，才能把准孩子成长的脉搏，做到对症下药。

正面管教将孩子的错误行为目的分为四类：寻求关注、寻求权力、报复和自暴自弃。这些不当行为都建立在对怎样达到归属感和价值感的错误想法之上。四类目的的要点如下。

寻求关注：当孩子出现破坏、捣蛋、大哭大闹或偏激的举动时，通常是由于父母没有给孩子足够的关注。

寻求权力：它的表现有发脾气、顶嘴、欺骗、倔强、不服从、欺负弱小等。这时可能是父母给予孩子的权力太少，什么事都是自己说了算。

报复：出现这种情况父母们多半会觉得痛苦万分，它的表现有攻击他人、偷盗、尿床、不信任和轻视。这种行为常常发生在经常受惩罚，或者说，有着过分严厉父母的孩子身上。

自暴自弃：这时父母往往会很失望。因为自暴自弃的孩子常常表现得愚蠢、懈怠、退缩、被动、拒绝与人交往等。这与父母平时对孩子的期望值过高有很大关系。

可以看出，这四类行为都直接与父母有关。正如美国著名家庭治疗师萨提亚所言："孩子没有问题，如果孩子有问题，那一定是父母的问题。"但并不是每位父母都会自觉将责任揽在自己身上。"觉察是改变的开始"，父母只有觉察到自身存在的问题，才能将孩子的问题真正解决掉。

因此，针对以上四类行为，父母要积极做出改变，或是给予孩子足够的关注，不要让他觉得自己被冷落了（寻求注意）；或是常常赋予他权力，让他自主选择，而非事事亲力亲为（寻求权力）；或是关心他、信任他，与他多交流，把爱传递给他（报复）；或是降低对他的期望，使之重建自信（自暴自弃）。

## 2. 和善而坚定

"和善而坚定"是教育孩子时的一种态度。和善而坚定地管教孩子，就意味着在孩子不听话或犯错误的时候，父母的态度是和善的，他们能够容忍孩子的缺点和错误，能够维持理智的心态，不急不躁、不愠不恼，以一种平和的态度坦然面对。

此外，父母也有足够的信心和坚定的信念把孩子管好。在这个时候，父母的立场是毫不动摇的。

"和善"是对孩子的尊重，"坚定"则是对家长自己的尊重、对情形的尊重。严厉型管教通常缺少和善；娇纵型管教则缺少坚定。举个例子：假设孩子与家长顶嘴，"和善而坚定"的一种处理方式是家长先走开。"这样难道不是放过他了？"很多家长可能会这样问。但事实上呢？家长虽然不能迫使别人以尊敬的态度对待自己，但家长可以以尊重的态度对待自己。走开就是家长以尊重的态度对待自己。

另外，这样做也给孩子树立了一个学习的榜样。一段时间后，家长再就此事找孩子谈话，这样双方都有机会让情绪平静下来。情绪稳定了，问题才能解决好。

"和善而坚定"是正面管教的根本所在。"和善"和"坚定"必须并用，缺一不可。

### 3. 相互尊重

所有的人对"尊严"和"尊重"都有平等的要求。大多数成年人都能够接受孩子们和大人具有同等的价值。这正是为什么羞辱在正面管教中没有立足之地的原因之一。羞辱与"平等"和"尊重"的概念南辕北辙。

正面管教的理念是，家长和孩子要相互尊重，这样教育的效果才会显著。它主张家长要"赢得"孩子，而不是"赢了"孩子。"赢了"孩子是指大人用控制、惩罚的方式战胜了孩子；而"赢得"孩子则是指大人维护孩子的尊严，以尊重孩子的态度对待孩子，获得孩子心甘情愿的合作。

正面管教型的父母会遵循这样的原则："在尊重别人的前提下，你可以自己做出选择。""我们一起来制定对双方有利的规则。"身处这样的家庭中，孩子既有规矩也有自由。

需要指出的是，娇惯孩子并不是尊重孩子，从不让孩子失望也不是尊重孩子。它们让孩子失去了宝贵的培养抗挫折能力的机会。用语言表达对孩子感受的理解才是尊重孩子："我能看出来你很生气（或者失望、烦恼等）。"然后，相信孩子能够从容应对挫折并能由此培养出对自己的信心。

## 4. 错误是最佳的学习机会

孩子在成长过程中难免犯错。错误发生后，孩子的第一反应是内疚、自责，然而在家长一遍又一遍的训斥或劝说中，有的孩子认定自己就是蠢货或者坏蛋；有的孩子为了避免家长的羞辱，从而变得懦弱，不敢冒风险；还有的孩子会掩盖自己的错误，并想方设法避免被抓到；而更多的孩子会变成"讨好者"，以他们的自尊为惨重代价去取悦大人。

针对这种情况，正面管教倡导家长应该教会孩子把犯错误当成学习的大好时机，让他不必为犯错而羞愧。当孩子把错误看成是学习的机会而不是羞辱时，他更容易对错误负责任。而当孩子把错误看成是一件坏事时，他就会容易感到不满、沮丧，或许会变得自我防御、逃避、苛刻或者挑剔他人或自己。相反，通过允许孩子经历失败，他们就能够在问题出现时学会自己去解决。

让孩子学会"吃一堑长一智"将使他们受益无穷，这样他们才能学会有价值的社会技能和生活技能。

## 5. 社会责任感

培养孩子社会责任感的第一步，就是要教会孩子凡事要靠自己，这样他们才能为帮助他人做好准备，并在帮助他人的时候体会到自己的能干。当大人扮演"超级家长"的时候，孩子们就学会了期待这个世界为他们服务，而不是他们为这个世界服务。因此，一旦愿望没有得到满足，他们就会觉得不公平。当别人拒绝为他们服务时，他们就会感到难过，甚至伺机报复。

因此，正面管教告诉父母，无论多忙多累，都要抽出时间锻炼孩子的动手能力，而不要为了图省事就替孩子做事。例如，家长可以让孩子分担一些家务活。家长和孩子互相协作，各自完成指定任务，既能增强孩子的归属感，也能提高孩子的生活技能，从而体验到社会责任感。

### 6. 家庭会议

家庭会议是正面管教的重要工具，它可以解决家里产生的大部分矛盾，同时也能增加家庭成员之间的互动、加强亲人间的亲密性，此外还能培养孩子独立做决定的能力。其中，开家庭会议最重要的作用就是建立家庭成员之间的联结感，是全家的"特殊时光"。

通常家庭会议的频率可以是一周一次，或者其他的固定时间；时长应控制在半个小时以内，最好选在全家人都心情舒畅的时间里召开。

会议上，全家人坐在一起，讨论大家生活中所遇到的问题。此时每位家庭成员都有发言权，针对做家务、零用钱、睡觉时间、食物、兄弟姐妹吵架等问题进行讨论。

父母给孩子机会发言，不仅会增强孩子的配合度，还会调动孩子的积极性。孩子们需要这种协商而定的规则，这非常有助于他们今后执行，因为孩子们更愿意遵从他们自己参与制定的规则。

除了制定规则外，家长还可以在会议上对孩子近期的表现进行简单的总结，这种总结要尽量以正面的反馈开头。此外，家长还可以询问孩子近期学习或生活上遇到的问题，帮助孩子找出解决方案。

### 7. 关注于解决问题

正面管教要求家长把思路转向关注于解决问题，而非制定惩罚措施，作为孩子发生不当行为时要承担的后果。根据这一理念，家长不能用大吼大叫的方式让孩子把一片狼藉的玩具收拾好，而是应该让他自己给出解决问题的方法。虽然在解决问题时，作为家长可以参与意见、可以帮助，但始终要坚持的是，孩子必须自己去解决这个问题。

关注于解决问题时，最好的办法是家长通过启发式提问来帮助孩子探讨他们的选择造成的后果。这种提问方式能够让家长逐渐进入孩子的内心世界，帮助孩子看清自己，找出问题产生的根源和解决问题的方法。比如，可以这样问孩子："发生了什么事？你认为原因是什么？如今你准备用什么办法来解决这个问题？下次怎样才能避免同样的问题出现？"

需要说明的是，如果孩子过去饱受家长的说教和惩罚，他可能会说："我不知道。"这时，家长应该说："你很善于解决问题，开动脑筋好好想想吧，好吗？半小时以后我会再来找你，看看你想出了什么好点子。"

正面管教指出：只要给孩子机会，孩子们会比大人更善于解决问题。当大人愿意花时间训练孩子，并且让孩子有充足的机会施展他们解决问题的技能时，孩子们就会成为解决问题的高手，并且能想出许多极富创意、有助于解决问题的方案来。

### 8. 给予鼓励

正面管教的创始人之一、著名心理学家鲁道夫·德雷克斯曾说："孩子们需要鼓励，正如植物需要水。没有鼓励，他们将无法生存。"

所谓鼓励，就是给孩子志气与勇气，让他拥有自信与力量。更进一步说，鼓励是给孩子创造空间，让他成为更好的自己。正面管教提倡鼓励，认为通过鼓励来帮助一个行为不当的孩子是最好的方法。

需要指出的是，鼓励与赞扬并不等同。鼓励是指向孩子自身的努力，让他能感受到自己所做的事情是源于自己的努力，即便没有外界的评判，自己也可以对自己做出评价。而赞扬则是指向做事的人，使得做事的人常常基于"别人会怎么想、怎么看"的考虑来做事。比如，"你太好了，因为你做了这件事"——这是表扬，"这件事完成了，真是太好了"——这才是鼓励。

当家长鼓励孩子时，应当引导孩子认清自己的能力，帮助他树立自信心，就他做的某件事进行鼓励，那么接受鼓励之后，他会干得更出色。而表扬是一种有条件的爱，它所传递的信息是：我们之所以爱你，认为你是好孩子，是因为你做了某件事。从两者的长期效果来看，鼓励能让孩子充满自信，赞扬则会让孩子依赖于人。

　　家长用肯定性和鼓励性的语言评价孩子的言行，让孩子学会自我评价，摆脱对他人评价的依赖，其实也是从另一个角度尊重孩子——你就是你，你的努力或失败都是你自我成长的机会，父母爱你，反馈给你，但不会强迫你满足父母的喜好和期待。

# 衡量是否有效管教的四个标准

判断家长对孩子的管教是否属于正面管教，有以下四个标准。

## 1. 是否和善与坚定并行

"和善与坚定并行"能让孩子从外在的约束限制转化为内在自我控制，学会自律。对孩子的管教，只有在这样一种和善而坚定的气氛中，才能有效地进行。

## 2. 是否有助于孩子感受到归属感和价值感

追求归属感和价值感是孩子的首要目标，同时也是人类的首要目标。因此，正面管教型的家长在管教孩子之前，已经在心灵上与孩子建立了链接，双方都处在一种理性状态和爱的氛围中，父母的爱传递到了孩子的心底，孩子认为父母是他最亲近、最关心、最可信的人。

## 3. 是否长期有效

严格和惩罚是有效的。它们的有效在于可以立刻制止不当行为。但是这种短期的"有效"很容易蒙蔽家长的双眼，而忽略了它们可能会带来的长期的负面效果。事实证明，严厉型管教不利于孩子形成健康人格，不利于激发孩子内心的成长需求。

### 4. 是否能教给孩子有价值的社会技能和生活技能，培养孩子的良好品格

正面管教型的家长致力于培养孩子的自理自立能力，放弃了包办代替。这种管教方式有利于培养孩子尊重他人、关心他人、善于解决问题、敢于承担责任、乐于贡献、愿意合作等品质。

凡是属于正面管教的行为，必定同时具备上面四个标准。家长们可以经常用这些标准来衡量一下自己的行为，看看自己是否属于正面管教型。

# Part 02

# 孩子不好管？其实是你用错了方法

# 爱哭的孩子可以这样管

一次，辰辰在楼下和小朋友们一起玩，玩了一小会儿，就因为别人抢了他的玩具哇哇地哭了起来，辰辰的家长很快上前去哄他。其实，辰辰已经 4 岁，是个小男子汉了，但他哭起来的气势丝毫不逊色于小弟弟、小妹妹们。

辰辰的妈妈发现，辰辰每次刚开始哭的时候是有眼泪的，可是后来就只是持续哭的动作，并没有流眼泪，而且每次哭的时间都很长，家长越是哄他，他哭的声音反而越大。

辰辰还是个特别脆弱的孩子，一天当中他能掉好几次眼泪。起床后经常莫名地哭一次，谁不在家就会找谁；吃饭时，家人夹了他爱吃的东西他也会哭；玩着玩着玩具，弄坏了或者不会玩了，他还是会哭……辰辰的家人都在尽心尽力地为他付出着，可是对于他爱哭的行为没有丝毫的改善。

三四岁的孩子动不动就会哭，如果父母稍微阻止，他就哭得更厉害。这是因为孩子们的心理需求高了，他们的哭都是有着明确原因的。一般来说，孩子爱哭有以下几个方面的原因。

第一，孩子天生性格敏感，稍有不如意，就会通过哭闹、发脾气等方式来表达和发泄情绪。这种类型的孩子，大都父母比较严厉，经常对孩子大吼大叫，而孩子也会相应地使用哭闹的方式来博取同情。

第二，孩子已经将哭作为一种获取手段。只要哭闹，他的想法就能获得满足，时间长了，孩子会无形中有"只要哭，爸妈就会同意"这种潜意识。

第三，一些家长对孩子的基本需求无法满足，例如，总是没时间陪孩子，答应过孩子的事儿总是一再拖延，很少跟孩子亲昵等。这样的孩子会因为安全感不足或者焦虑而爱哭。

如果孩子是因为第一种原因爱哭，那家长一定要先改掉大吼大叫的沟通方式，当你不再大吼大叫后，你会发现孩子也温顺了很多。而如果因为第三种原因爱哭，那家长就应该将更多的精力放在孩子身上，当孩子感受到满满的爱后，爱哭的习惯就会很快消失。这种情况的孩子，家长一定要注意持续保持对孩子的关爱，不要忙起来又将孩子的需求放置不理。这里特别要说明的是，如果孩子因为第二种原因爱哭，那家长就需要好好应对了，通常来说，因为这种原因哭闹的孩子是最多的。家长不妨按照下列步骤来做。

## 1. 观察

当孩子莫名地哭起来，妈妈们不要急着做出任何反应，而是面对着他、看着他、观察他。有的妈妈了解这点，但是她虽然没有走向前，但是也会出声安慰孩子。记着，你需要做的是无声地观察，不要安慰他，也不要接近他、碰触他，保持这样的状态，直到他也看着你。

## 2. 揣摩

妈妈们观察孩子的时候可以思考下孩子哭之前发生的一系列事情，自己在心中做好选择题。比如，他是饿了吗？他是被玩具碰到了呢？当他的目光触及你后，你可以出声询问他，将你刚才想到的挨个问他，如果他没有专注于你在说什么，或者没有给予回应，就停下来稍作等待，再继续询问。只要有足够的耐心，孩子会理解你与他沟通的意愿，并且会给你答复的。

### 3. 说出孩子的选择并采取行动

如果你的任何揣摩得到了孩子的响应，比如你说，你是被玩具碰到了吗？他点了点头，那你就要赶紧说：哦，你碰疼了呀！来，妈妈抱抱你。下一次如果不小心碰疼了，可以直接告诉妈妈，不用哭的。

当然，这个过程不会一次就管用，需要你在孩子成长的过程中反复使用。当孩子习惯了这种与你沟通的方式后，他也会尽快成熟，并且能够控制自己的哭声，还能学会表达自己。

孩子的哭声是父母教育孩子的第一个机会，家长们千万不要与孩子建立这种"只要一哭就去抱"的响应方式。这种对孩子的无形溺爱，会导致孩子形成一种依赖：只要我哭，妈妈就会帮我的！这种习惯模式养成以后，他做事会比较容易放弃，也不会表达自己。

因此，面对孩子撕心裂肺的哭声时，家长一定要克制情感，理智响应。

# 孩子发脾气，你别急

　　小涵今年 4 岁了，一天，他看了一下午的动画片，吃过晚饭之后，又跑到电视机跟前，想要继续看。小涵的妈妈看到后阻止了他，跟他说："你今天看电视的时间太长了，不能再看了，明天再看。"

　　小涵听了妈妈的话后，先向妈妈撒娇说看最后一集。在没得到妈妈的回复后，就随手要去按电视的开关，这时妈妈及时地阻止了他。见妈妈坚决不让自己看电视，小涵急得不行，他用脚踢了几下沙发，然后坐在地上，大声哭闹起来，"我就要看，就要看，凭什么听你的"，说着还哭了起来。

　　妈妈一把将小涵从地上拉了起来，严肃地告诉他："怎么又坐地上了，怎么这么不听话，不是跟你说过了，一天看电视不能超过一个小时，今天忙没管你，已经让你看了那么久了，我说不能再看就不能再看了。"随后，她撒开小涵的胳膊，转身去收拾碗筷。妈妈没走几步，身后就传来"嘭"的一声，原来小涵把放在桌子上的遥控器狠狠地砸向了电视机。

　　生活中，孩子发脾气的现象总是无法避免的，而面对着愤怒的孩子，妈妈们通常容易选择用更大的怒火去压制孩子，用更大的声音去盖过孩子的吼叫声，此时孩子也一定不会示弱，最终两人很快就陷入愤怒失控的境地，通常都是以家长的一顿打骂，加上孩子撕心裂肺的哭闹声结束。

　　作为家长，不要以为孩子现在不懂事才发脾气，如果你一直不克制他的脾气，那即便孩子懂事儿了，也总有暴怒的时候。其实，孩子情绪失控是再正常不过的事儿了，只是妈妈们需要尽早让孩子学会自我控制。引导孩子控制自己的情绪，是每个孩子健康成长的重要一步。妈妈们需要掌握一大原则就是，生气、发怒是人的一种本能，不分年龄，孩子和家长都有生气的权利。比如，一位小朋友在搭积木，有一块积木怎么都搭不住，他会大叫一声，一脚把积木踢翻。脾气爆发之后，他并没有放弃玩，而是理清思路重新开始。

　　所以，如果你的孩子没缘由地发脾气，这个时候，最忌讳的就是家长比孩子更愤怒。面对孩子的冲动行为，妈妈们首先要做的不是去判断事情的对与错，而是帮助孩子面对情绪，接纳他们表达情绪的权利。孩子冲动时，妈妈们不妨过去抱抱他，心平气和地抚慰，先让孩子从愤怒的情绪中走出来。当你觉得孩子已经足够平静，就鼓励孩子表达内心的想法。孩子对自己情绪的表达可能不够清楚，有的孩子会说，没有人陪我玩，我很不开心；有的孩子会说，自己不舒服，想要把东西全部打坏……不论孩子说的是什么，只要他肯用语言来描述自己的心理，那他就已经开始有能力管理自己的情绪了。这个时候，妈妈们可以跟孩子谈谈他情绪失控这件事，并且建议他下次想要发脾气时，不妨试着控制自己，可以尝试先回自己房间冷静一会儿，或者玩会儿其他玩具。

　　此外，孩子的脾气，跟父母息息相关。孩子总是喜欢模仿家长的言行举止，家长脾气暴躁，孩子往往也会变成爱发脾气的人。所以，如果家长脾气不好，一定要先试着压制自己的脾气，不要因为自己的情绪问题而影响孩子。

# 带着孩子一起收拾房间

随着小米越来越大，家里到处都能看到她的玩具，虽然小米有自己专门的玩具房，但她还是将玩具到处放，玩具房里更是乱得不行。

小米的妈妈曾经被玩具房里的小汽车绊倒过，也曾一脚踩到了尖角积木，袜子也经常被黏土粘到，她每天下班后就开始跟在小米屁股后面收拾，对着小米各种念叨。可是，收拾完最多只能保持十分钟。小米的妈妈决定让小米学会收拾房间，于是整整一周的时间，她基本没有给小米收拾玩具房。

刚开始的几天，小米妈妈放任她在地上摆满各种玩具，小米会揭开装玩具的箱子盖，一股脑儿将所有的玩具全倒在地上。玩不了多久，她又将一桶积木来个底朝天……小米妈妈强压着自己想收拾的心情，努力做到视而不见。

没多久，小米喊妈妈过去一起玩，当小米妈妈走到门口时，故作惊讶地大喊："天呢，这里发生了什么？好混乱啊，都没有地方站了。"

小米急忙给妈妈扒拉出一块地方，小米妈妈顺势站在那儿，并没有跟她一起玩。

直到小米站起来想要打开另一箱玩具时，被一块积木绊倒，疼得哭了起来。

小米妈妈抱着她，轻轻地给她揉揉："要是刚才把积木送回家，摔倒就不会磕到了。"小米听了妈妈的话，自己开始默默地收拾玩具。小米妈妈在一旁鼓励她，偶尔搭把手，还假装自己是玩具，用滑稽的声音感谢小米送它们回家。于是，小米越收拾越开心，直到把地上的玩具全部收起来。

小米妈妈夸张地给她鼓掌，小米看着整齐的屋子，自己也开心地笑了。

房间脏乱是很多妈妈对孩子经常抱怨的问题之一，妈妈们想给孩子一个干净、整洁的成长环境，就尽早让孩子参与到收拾房间这件事情上，这样妈妈们不仅能适当减轻自己的工作量，还能让孩子通过参与家务，锻炼自己的手眼协调能力、操作能力、逻辑思维能力，以及培养孩子的责任心、劳动及参与的意识。

对于年龄较小的孩子，妈妈一定要和孩子一起收拾房间，这样孩子也不会有无从下手的感觉，更不会产生叛逆心理。妈妈可以在孩子的房间坐下，"指挥"孩子。例如，妈妈拿起一个玩具问孩子："我想知道这个你都放在哪里呢？你能放给我看看吗？"妈妈要有耐心，让孩子把玩具放好后再开始另一个。因为孩子较小，耐心不一定足，可以让孩子一周这样做一次，此后逐步增高频率。

对于大点的孩子，妈妈要和孩子建立一个日常收拾房间的惯例。例如，一周清理一到两次房间，让孩子早起后将房间收拾一下。当然，这些惯例的建立都应该是家长和孩子一起商量的结果，而不是家长单方面对孩子提要求。

除了要求孩子整理房间外，还需要给孩子提一个房间脏乱的最低要求，例如，你可以一周扫地一次，但是必须保证地面不能出现果皮、食物残渣之类的东西，没吃完的食物不能放在房间里过夜，必须送去厨房。

最后需要记住一点，孩子收拾房间是他们需要且应该做的事情。妈妈们千万不要因为孩子做了这件事情而奖励他们，更不要将零花钱和收拾房间这件事联系在一起；同样，妈妈们也不要拿收拾房间的事情来"威胁"孩子。

# 教孩子合理上网，却不沉迷于网络

这个暑期过后，杰杰就要上小学六年级了。可是杰杰妈却很发愁，因为她发现杰杰最近迷上了网络，暑假没事的时候，他不是在那浏览网页，就是玩游戏，有时候一玩就是一天。一说他，他就以正在写暑期作业为由给搪塞过去了。你若跟他较真，他就会把老师在网上留的作业打开给你看。

对此，杰杰妈表示很无奈。因为他们的作业很多都是要在网上完成的，而且老师为了省事，也喜欢直接把作业留在学校的网站上。这就意味着，想要强制杰杰不碰电脑是不可能的。无法，杰杰妈只好去找杰杰同学的妈妈取经……

目前，很多孩子把大部分的课余时间都用在了上网上，更有甚者，甚至整日沉迷于虚拟的网络世界不可自拔。网络对孩子有着无穷的吸引力，也有着很大的危害，且不说它会影响到孩子的学习，单就健康而言，它会对孩子的视力和身体造成不良影响。那么家长该如何引导孩子摆脱对网络的迷恋呢？

### 1. 与孩子"正式谈心"

当孩子迷上网络时，跟他进行一次正式的谈心很有必要。家长与孩子正式谈心时要有主题，但也要保持适当的谈话方式和安静温馨的环境。谈话时，家长态度要平和，要讲事实、说道理，还要学会倾听孩子的心声。

### 2. 从兴趣出发激励志向

假如谈话后作用不大，那家长只能从孩子的兴趣点入手，多了解一些孩子感兴趣的话题，这样，平时跟孩子谈话才能找到契机。比如，你的孩子是真的喜好电脑，那么就给他买些电脑方面的书，可以是学习电脑知识的书，也可以是网络界成功人士如马云、张朝阳的书，这些书能让孩子明白，网络界成功人士可不是靠浏览网页、玩游戏成功的，只有把电脑当成学习工具，才能成为像他们那样的人。

### 3. 对孩子进行适当的控制

孩子的自控力不强，没有人把控很难自己做好。所以，家长可以约定好每天上网的时间，同时还要从环境上进行控制。比如，有的家庭电脑闲置，孩子随时都可以玩。对于这种情况，家长首先要做的是不让电脑出现在孩子的视野内，如果孩子想要使用电脑，得向家长申请。这可以对孩子上网起到一定程度的控制作用。

### 4. 帮孩子转移注意力

要想把孩子从网络中"拔"出来，就要转移他的注意力，让他远离网络。比如，假期可以带孩子外出旅行，去开阔他的视野，增长他的见识；也可以根据孩子的兴趣，给他报一些诸如画画、唱歌、体育活动之类的培训班，以转移他的兴趣点。

### 5. 给孩子多一点关爱

据调查显示，90% 染上网瘾的孩子都与家庭关系紧张、内心太孤单、缺少父母关爱有关。所以对于这一类上网成瘾的孩子来说，理解和关爱才是治疗的良药。因为父母的爱能让孩子觉醒和有所感悟，进而自觉地从网络中"拔"出来。

# 孩子爱看电视，别强行制止

小强是个电视迷，他放学回到家里的第一件事就是把电视机打开，一个动画片演完之后赶紧换到另一个频道，饭都顾不上吃，两眼直勾勾地盯着电视机，连广告都不错过！一次，妈妈不解地问儿子："你为什么非得看电视呢？"小强的回答却让她大感意外，"电视看多了，才有更多的'资本'与同学交流啊！"

孩子有了自己的交际圈后，电视节目会成为他们共同的爱好，因为孩子与伙伴交流需要"谈资"，他们通常会选择将电视节目当成交流的资本。

孩子的这种说法看似很有道理，家长却不能因此就产生"同理心"，不再干涉孩子看电视。因为孩子沉迷于电视，危害是显而易见的。所以，对于沉迷于电视的孩子，家长一定要及时引导，帮孩子戒掉"电视瘾"。

## 1. 对看电视的时间和内容做出规定

家长首先应该对孩子看电视的时间和内容做出规定。比如，从周一到周五，放学回家后可以看半小时的动画片，写完作业后还可以看半小时的《动物世界》；周末每天可再增加一小时看电视的时间，但必须从固定的频道挑选节目，等等。

### 2. 家长要以身作则

如果家长整日沉迷于电视，又如何去节制孩子呢？况且，如果家长制定的规则只对孩子起作用，对自己的行为却没有任何约束性，那孩子会怎么想？所以，要教育孩子，就要从"我"做起。

### 3. 采用迂回路线，让孩子知难而退

对于沉溺于电视的孩子，暴力的阻止是解决不了问题的，因为你这一刻阻止了，下一刻他可能又坐回到了电视前。所以，家长不妨采取迂回路线，让孩子知难而退，比如，让他写写看电视心得。

小强妈在知道了儿子迷上电视的原因后，并没阻止他，而是对小强说："如果你每看完一个电视节目就写一篇心得，那你的认识就会更加深刻，就会有更大的资本与同学们交流！"

小强一听，觉得有道理，就照做了。结果第二天，同学们果然都对他竖起了大拇指。于是，看完电视写心得就成了小强家的一个规定。但随着时间的推移，小强发现，写看电视心得并不像他想象的那样简单。所以，有时候为了不写这个心得，小强宁愿放弃看电视。就这样，慢慢地，小强看电视的时间越来越少了。

写看电视心得，的确让小强尝到了一定的甜头。但这也意味着，他看电视的时间越长，看的节目越多，要写的心得也就越多。这对于小学生来说，不是一个轻松的事情。所以到最后他才会知难而退。由此可见，与其强制性地阻止孩子看电视，不如想点让孩子知难而退的办法。

# 和孩子对话，而不是训话

日本教育家池田大作说过："尊重孩子的人格，孩子便学会尊重人。"孩子最初受人尊重的感觉是从妈妈那里得到的。妈妈要懂得尊重孩子，当孩子得到尊重时，他们就会把自己当回事，也把荣辱当回事，从而知道做事要考虑后果，懂得约束自己。总是训斥孩子的做法只能导致孩子越来越不听妈妈的话，与妈妈越来越对立。

在妈妈眼里，剑剑是个特别淘气的孩子，有时候，妈妈甚至觉得剑剑是在故意和大人过不去：妈妈让他好好吃饭，他偏要先看完动画片；妈妈让他认真学习，他却在那里磨磨蹭蹭混时间；妈妈让他不要在学校惹事，可隔上几天妈妈就会被老师"请"到学校去；妈妈让他放学后早点回家，他就想方设法找借口在外面玩，而且还一玩就忘了时间，很晚才回家……

"你就不能听话一次吗？"

"快点，给我滚回家写作业！"

"再记不住，就把这个单词给我写 100 遍！"

"再和同学打架，我非让你爸揍你一顿不可！"

……

这类话妈妈不知对剑剑说了多少，可就是不起作用。有时候剑剑被爸爸打怕了，也会收敛一点，但过不了多久，就又恢复"常态"了。看着屡教不改的剑剑，妈妈真是头疼。

大吼大叫的权威式教育方式是正面管教最不提倡的，而且从剑剑这里我们就可以看出效果并不好。妈妈们不妨尝试下正面管教的策略，在教育孩子的时候用心平气和的对话方式，通过阐述道理让孩子心悦诚服。

与孩子对话而不是训话，这样既可以增加妈妈与孩子之间的相互理解，避免家庭中一些无谓的争吵，又能让孩子从中学会怎样与人相处。在这样的家庭里，孩子会觉得妈妈是自己的朋友，而不是高高在上的权威。那么，妈妈需要从哪些方面做起，为孩子创造一个可以自由说话的环境呢？

### 1. 给孩子尽情表达的机会

妈妈要改变自己是决策人、孩子是接受者这样僵化的家庭角色的分配，要在家里建立一种积极健康的交流关系，把孩子看作一个独立的个体，给孩子足够的机会尽情表达自己的想法，并给以足够的理解。

### 2. 不否定孩子的观点

在与孩子对话的过程中，妈妈应当做好准备，接受孩子与自己观点不一致的想法。对不能认同的观点，妈妈不要一棍子打死，完全否定孩子的想法。

妈妈可以先阐述清楚自己的立场，接着可以说："这是我的看法，但你有权利按照你的思路去想问题。不用急于做决定，你可以再想想看，或是再征求一下别人的意见。"这类开放的话有助于与孩子建立良好的关系。

### 3. 注意与孩子说话的语气

遇事要与孩子商量，不要自己武断决定。因为妈妈一旦向孩子发出了命令就意味着孩子必须服从，而这种命令的方式没有为妈妈留下回旋的余地，如果孩子不听话、妈妈让步的次数多了，孩子就会觉得不听妈妈的命令也没什么，不利于对孩子进行教育。比如，与其命令正在看电视的孩子"快去给我写作业"，就不如说："这动画片真好看啊，可惜时间不早了，你该写作业了，这样才不耽误睡觉。要不你再看10分钟，然后就去写作业，好吗？"这种说法既让孩子感觉到自己受到了尊重，又为妈妈留下了余地，不至于因为孩子暂时的不听话让妈妈为了维护自己的威严而与孩子大动肝火。

总之，管教孩子不是强求孩子，妈妈要改变自己的教育方式，用对话，而不是训话的方法赢得孩子的理解。

# 别跟爱顶嘴的小孩急

孩子在一天天地长大，只是再乖巧的孩子也有不听话的时候，更别提那些一个叛逆期接着一个叛逆期的孩子了。孩子顶嘴几乎是所有家长在孩子成长中必经的过程。

虽然顶嘴是不尊重家长的行为，可家长也不能一味地指责孩子、埋怨孩子，毕竟很多孩子顶嘴的原因，都是意想不到的。

童童是个很喜欢说话的孩子，他的妈妈甚至无奈地称呼他为"小话痨"，只是他不仅爱说话，有时候还喜欢顶嘴。对于妈妈的一些话，他经常选择"质疑"。

一次，童童在屋里写作业，妈妈将空调打开，因为怕凉风太大会吹冷童童，便将温度调整到 28 度。童童却对妈妈的行为"质疑"起来："妈妈，我一点都不觉得凉快，空调说明书上写了，最舒适的温度是 26 度，你为什么要设定 28 度……"

无言以对的童童妈妈，顿时觉得头大，无奈又将温度调到了 26 度。

童童妈妈应该对童童的顶嘴表现表示赞扬。因为童童虽然顶嘴了，但并不是因为对妈妈不尊重或者任性。童童说的都是自己独立阅读和思考后的结果，如果童童妈妈以家长权威来压制他的话，那可能就会打消童童独立思考的积极性。

所以，对于孩子的顶嘴现象，我们不可一味地埋怨孩子，以自己的家长权威压制孩子，要了解孩子顶嘴的原因，并根据具体情况改变教育方式。

通常来说，如果不是特别叛逆的孩子，他们跟家长顶嘴一般都是有原因的。

果果的爸爸和他约定，如果认真完成暑期作业，就带他去上海的迪士尼玩。可是等到果果完成暑期作业后，爸爸却以买不到高铁票为由推脱了。当果果生气地说爸爸言而无信时，爸爸便改口说："等你考上班级前十名，考不上就别想了。"

——小朋友说，她的妈妈经常教训她说："我是你妈，你就得听我的，你还是个小孩子，你能懂什么！"

如果家长都跟果果爸爸、——妈妈一样，那让孩子改掉顶嘴的毛病就难上加难了。所以，家长在教育孩子前，首先要控制好自己的情绪，如果家长的自我控制能力比较差，在教育孩子时粗暴急躁，往往会伤害孩子幼小的心灵。

无论孩子犯了多大的错，家长都不要急躁，问清事情的来龙去脉，再决定处置方法，不要连带处罚，不要翻旧账，并且跟孩子说明道理，让孩子明白、信服。

孩子顶嘴并不是一个好现象，一旦习惯成自然，也不利于孩子的学习和成长，甚至会影响他长大成人后的人际关系的和睦。所以，无论孩子有任何形式的顶嘴，家长都要找时间跟孩子平心静气地谈谈，让孩子了解沟通的方式不仅仅是顶嘴一种。当然，身为家长，更要以身作则，孩子的模仿能力很强，如果家长之间时常发生顶嘴之类的冲突，那你对孩子的管教就显得毫无力度了。因此，家长们在日常处事的过程中也需要不急不躁，与长辈说话也要言行尊重，这种无形的教育更有利于孩子的成长。

# 只做不说，行动胜过言语

小萱在书房里翻看故事书，她的妈妈却在客厅看电视，电视里不停地传来哈哈大笑的声音，这声音让小萱迫切地想去看看电视里在演什么。可是当小萱走到客厅，坐在妈妈旁边后，妈妈却说："小孩子看什么电视，看你的书去！"小萱无奈，转身离开客厅，而小萱妈妈却好似什么也没发生过，继续盯着电视看。

这个事例不禁让人想起很早以前的一则公益广告：镜头中，一位年轻的妈妈正在给年迈的母亲端来洗脚水，为母亲洗脚。镜头转换后，是一个可爱的小男孩，端着一盆水，很费力却很开心地朝自己的妈妈走去。幕后传来的话外音：中华美德，代代相传。是的，美德是代代相传的，但是如果家长毫无顾忌地在孩子面前展示一些慵懒的习惯，也会让孩子牢记在心，因为孩子在观察、模仿各种被大人忽略的生活细节，你的一举一动都是孩子的行为标准，是对孩子最无声的管教。

心理学家的调查显示，78% 的孩子会把父母的言行当作处事的标准，孩子从父母那里学会的某种习惯和处世态度，会影响孩子的一生。

杰克非常喜欢钓鱼，他的钓鱼技术也很高超。周末的傍晚，杰克拿起早就准备好的钓具拉着爸爸去湖边。可是当地对于钓鱼有一定的要求，晚上九点之前是不允许钓鲈鱼的，杰克爸爸建议杰克等几个小时候再出发，可是又拗不过他。

到了常去的湖边，杰克熟练地做好钓鱼前的准备工作，然后将鱼线抛向湖心。几分钟后一条大鱼上钩了。杰克的爸爸也上前帮忙，当一条竭力挣扎的大鱼被拉出水面时，杰克兴奋极了，那是一条他从来没有钓到过的大鲈鱼。

就在杰克准备将大鲈鱼放入钓鱼桶时，杰克爸爸阻止了他，爸爸指了指手表说："离规定允许钓鲈鱼的时间还差两个小时。"杰克委屈极了，他央求爸爸将大鲈鱼带回家，但爸爸仍旧十分坚决地要求杰克将鲈鱼放生。

虽然周围没有其他人，但杰克还是不情愿地听从了爸爸的意见。

此后很多年，杰克再也没有钓到过那么大的鲈鱼，但他却对爸爸充满了感激之情。成年后的杰克成了一名出色的律师，他在那次钓鱼事件后越发自律，从没因为无人知道而放松自律，做出有损公德的事。

父母的行动举止对孩子有着潜移默化的作用，孩子正踩着你的脚印往前走。当父母一遍遍地对孩子动之以情、晓之以理时，不妨想想这些道理自己做到了吗？否则，这种只注重言语、忽视行动表率的管教方式，不但起不到一点正面教育的作用，反而会在无意中对孩子的成长产生负面影响。

所以，别自己晚上通宵打麻将，却命令孩子独自在房间里看书；别自己生活邋遢，家里一团乱，却要求孩子爱清洁、讲卫生；别自己脾气火爆，打骂孩子，却要求孩子举止文明，懂事讲理……请父母们用自己优秀的行动给孩子做出表率和榜样，用身体力行影响孩子吧。

# 别羡慕"别人家孩子"

"别人家的孩子"是很多孩子成长道路上挥之不去的存在。有时，"别人家的孩子"确有其人：成绩好、才艺多，优点多得数不完，但很多时候它更像家长们口中蹦出来的一个符号。

家长对孩子的发展期望值都是很高的，每位家长都希望自家孩子是最优秀的，但随着孩子的成长，很多家长发现事实并非如此。

没有一种能力，仅仅是天赋使然，孩子所有的成就都是家长细心观察、精心栽培、明确引导的结果。孩子没有足够的能力为人生把握方向，家长们需要做一些预判、给一些建议。当他意识不到积累对成长意义深远的时候，你需要引导、鼓励他坚持做好每一件看似无用的小事。如果你什么都没有做，就别怪孩子一事无成不够优秀，毕竟有质量的陪伴才是最好的教育。

一位教育专家说：孩子之间的差距，实际上是家长之间的差距。孩子不够优秀，跟家长做得不够好有很大的关系。所以，如果家长希望自己的孩子也能成为"别人家的孩子"，那自己先从"别人家的父母"做起吧。

### 1. 看到孩子的进步，真正从内心赏识自己的孩子

世界上没有差孩子，只有某方面不擅长或暂时落后的孩子。例如，有的孩子可能暂时成绩不理想，有的孩子可能不擅长表达，有的孩子可能不擅长交际……我们大人都不可能做到事事精通、样样在行，所以，别奢求孩子方方面面都很优秀。

另外，一定要看到孩子的进步。一个经常考50分的孩子，即使这次只考了51分，那也是进步。为增加其自信，家长要发自内心地对其进行夸奖。好孩子是夸出来的。父母只有看到孩子的闪光点，孩子才能更有自信。

### 2. 尊重孩子的兴趣，与孩子一起疯、一起探索

对于现在的孩子来说，学习有很多种方式。乖乖地坐在书桌前读书、写作业只是其中一种。与此相比，动手去探索、实践，这种获得知识的手段更重要。例如，某一天，孩子突然对各种爬行的小虫子产生了兴趣，家长可以带孩子一起去花园里寻找并研究，说不定孩子将来能成为生物学家呢。也许某一天孩子会对小闹钟产生兴趣，家长不妨找一个坏掉的闹钟，跟孩子一起研究闹钟的工作原理，没准孩子会由此爱上发明创造呢。

尊重孩子的兴趣，为孩子提供机会，孩子的潜能才可能会最大限度地被发掘。

### 3. 给孩子定规矩很重要

没有规矩不成方圆。对于孩子来说，好的规矩会成为孩子一生的好习惯。例如，饭前要洗手是一种规矩，也是一种特别有益健康的好习惯；睡前阅读半小时是一种规矩，同时也是受益一生的好习惯。

# 不抓狂，孩子也会乖乖吃饭

孩子是天生的美食家，对色、香、味俱佳和新品种的饭菜十分敏感，所以妈妈们都会多花心思，将食物烹饪得多样化。

但是大部分两三岁的孩子都会经历一段只吃极少几种食物的时期，这是孩子发育过程的一个正常现象，叫作"食物恐新症"，也就是害怕新食物。这种时候，妈妈们不要惊慌，你的孩子需要时间来了解这些食物都很安全，可以吃，而且很好吃，他会通过观察你和别人吃它们来了解这一点。最终他将会扩充自己吃食物的种类，但是有些孩子可能需要花比别人更长的时间来做到这点。

为了帮助你的孩子，同时也让你自己心平气静，可以参考下面的建议。

## 1. 食物色香味俱全

在孩子初次进食某种食物时应多花点心思，尽量在色、香、味上给孩子留下美好的印象。如果孩子不喜欢吃某种食物，也可以将其切碎后混在其他食物中，如罗宋汤、荤素什锦、沙拉等都是营养较丰富的菜肴，类似这种吃一道菜的同时进食了多种食物的方法很值得推广。宝宝不太喜欢的食物，开始的时候少量添加，然后慢慢增加，当增加到一定程度后，孩子也就自然而然地习惯了，但这个过程需要点耐心，切不可急于求成。

## 2. 进餐时间要规律

一日三餐以及根据孩子白天的小睡时间安排的两三次加餐，都要尽量保持，孩子喜欢规律性，这样就能预知下一步要做什么。定时定量给孩子进餐，严格控制孩子吃零食，尤其是正餐之前，使胃肠道有一定的排空时间。而且养成定时吃饭的习惯后，孩子自然就会在那个时间段有饥饿感。

进餐时间方面要限定在20~30分钟，同时明白过了这段时间孩子就不会再吃更多了。最好不要拖延一顿饭的时间，使劲儿劝孩子再多吃一些，而是等下次加餐或吃饭时间再给孩子准备一些有营养的食物。如果想吃，大部分孩子都应该在前20分钟就吃完面前的食物了。

## 3. 营造良好的餐前氛围和就餐环境

在一个安静放松的环境中进餐，不要出现电视、游戏和玩具等让人分心的东西。孩子一次只能关注一件事情，因此那些东西会让他更难集中精神去吃饭。

等孩子稍微大点，可以和爸爸妈妈交流后，在准备饭菜时，可以跟孩子商量吃什么，并邀请孩子一起摘摘菜、洗洗菜，使孩子觉得这是他帮忙做的饭菜，吃饭的时候会更有味道，以促进进餐。吃饭时切忌端着饭碗边走边玩边吃或追喂等，也不可边看电视边吃饭，而应该让孩子跟全家人一起吃，吃饭时有固定的餐桌和座位，并帮孩子备一套印有孩子喜欢的卡通人物的盘子、勺子、筷子等，让孩子在一个愉悦的环境下就餐。

## 4. 邀请小客人聚餐

纠正孩子挑食的习惯，要有耐心。比如，邀请小区里其他孩子来家里吃点心。你的孩子与同龄孩子在一起时可能会吃得更好。

# 孩子爱挑衣服不是坏事

我们都希望孩子独立，可是更多的时候我们在拒绝孩子自己做决定，尤其是孩子可以有发言权，而且不会有危险的一些事情，例如，孩子能否自己决定穿什么衣服。

孩子在婴童时期，妈妈们会按照自己的喜好给他们打扮。但是很快，孩子会形成自己的思维，会有自己的喜好，最早的表现可能只是孩子无意中的一句"我喜欢蓝颜色的衣服"。当你的孩子开始跟你倾诉类似的想法后，一定不要将孩子的话视为儿戏，这是孩子对一些事物产生兴趣的萌芽。说明孩子的观察能力比较强，并且有他独到的感受美的能力。喜欢鲜艳的颜色正是多数孩子的审美特点，孩子知道自己挑选漂亮衣物，至少说明他的心理发展水平很正常。

面对这类爱"臭美"的孩子，父母首先要维护孩子的审美热情，肯定他爱美的积极性，然后在日常生活中给孩子灌输关于审美的教育，提高孩子的审美情趣，避免孩子走进任性的泥沼。

### 1. 给孩子适当选择的空间

如果孩子喜欢"臭美"，那么妈妈可以采取一个比较折中的方法，工作日早上给孩子准备两套符合时令的衣服，让他自己选择。这样既尊重了孩子的心理需求，又可有效地防止孩子东挑西拣，养成一些坏毛病。

周末可以让孩子自己挑选衣服，当然，孩子在自己挑选衣服、搭配衣服的时候，难免会出现上下装色彩不协调的情况，或者选择了很糟糕的搭配。这时候妈妈们也不要强制让孩子脱下来，可以微笑着给孩子提意见，让孩子在穿衣镜前审视下自己。如果孩子依旧觉得自己的选择没问题，那就让孩子穿着这样的衣服出门，当他（她）出门后，会在朋友或其他人那里得到反馈。这样一来，孩子会更有兴趣了解和学习衣着搭配。

### 2. 缩小孩子选择的范围

孩子自己挑选衣服的过程也是个人形成品位的过程，当孩子有这样的想法后，不妨带着孩子去挑选衣服，但是要提前跟孩子一起做好预算，提前决定好要买哪些性质的衣服，让孩子了解如何分配钱来购买需要的衣服，不要因为一件衣服太贵而无法购买其他衣服。

### 3. 提高孩子的审美情趣

父母要多让孩子听音乐，参与各种户外游戏，读书，欣赏各类画展，等等，提高孩子的审美情趣，同时也教育孩子这个世界上美的东西很多，而不仅仅在穿着。这样既可以提高孩子的审美情趣，也可以扩大孩子的兴趣范围，让孩子走出只知道"臭美"的泥沼。

孩子想穿自己爱穿的衣服，有自己的主见，这并不是什么坏事。只要符合孩子的年龄和生理特点，孩子适当地选择自己的衣服而不过分也属正常。

# 跟孩子讲故事，别讲道理

喜欢听故事是孩子们的共性，当你直接表达你的观点可能无效时，不妨给孩子讲一个相关的故事，这样更能打动孩子，且不易引起孩子的逆反心理。

一次，徐俊去同学家玩，看到同学的妈妈在夸同学。原来，同学嫌妈妈不给他买名牌书包，竟然将奶奶放在枕头底下的几百块钱拿走买了书包。他的妈妈知道后，不仅没有责备他，反而夸奖他脑子好使，会想办法。

徐俊把这件事告诉了妈妈，并说道："我同学跟我说，要是下次他奶奶还往枕头底下放钱，他还会去偷的。"

妈妈问他："你觉得他这么做聪明吗？"

"我同学说偷自己家人的钱不算偷。"

"你不要管别人怎么说。我想听听你对这件事的看法。"

同学通过偷家里的钱，轻易就实现了自己的愿望，当时徐俊的内心其实是很美慕的，然而他又隐隐觉得同学的做法似乎欠妥当，于是就低着头默不作声。

这时，他的妈妈说道："最近我在报纸上看了一个新闻，说是有个小男孩，8岁时第一次偷邻居家的玉米，他妈妈夸他机灵；12岁时又偷同桌的饭票，妈妈夸他能干；长大后他开始偷钱、抢劫、杀人，最后被判处死刑。"

徐俊仔细听着妈妈的讲述。他的妈妈接着讲道："临刑前，这个男孩气愤地对妈妈说：'你为什么要害我？如果你当初在我第一次偷东西的时候严厉地批评我而不是夸奖我，我就不会走到这一步！'你知道他为什么这么恨自己的妈妈吗？"

徐俊立刻答道："因为正是他妈妈的鼓励和纵容才使他犯的罪越来越大。这样的妈妈一点都不好。"

针对孩子随时发生的情况，把教育的道理融入通俗易懂的故事中，为孩子讲述和解释。这样不仅可以抓住问题的要害，而且便于掌握教育的最佳时机。故事中，正是由于徐俊妈妈正确而及时的引导，才使徐俊对同学的偷盗行为有了清醒的认识。试想一下，如果当时徐俊的妈妈只是单纯向徐俊灌输大道理，结果又会怎么样呢？

徐俊说："我同学说偷自己家人的钱不算偷。"

妈妈："怎么不算偷？如果未经同意拿自己家人的钱也是偷！"

"他妈妈并没有责怪他，而且他奶奶知道后，也不见得会责备他。"

"你懂什么？小小年纪就去偷东西，长大了还得了？俗话说'勿以恶小而为之，勿以善小而不为''小时偷针，大时偷金'，一旦养成偷别人东西的坏习惯，长大就戒不掉了，随时可能走上违法犯罪的道路……"等妈妈好不容易将一番大道理讲完，徐俊早就不耐烦地翻起了白眼。

　　孩子的思维是感性直观的，他们往往对生动的事物感兴趣。故事的说服力和感染力远远胜过生硬的、无聊的、空洞的、乏味的说教。上述故事中的两个片段就是鲜明的对比。

　　故事讲得好，才能让孩子心领神会，让他在一种柔和的气氛中接受教育。在具体操作时，要选用一些比较真实的、有震撼力又有教育意义的故事，然后用提问的方式和孩子讨论对此事的看法，可以让他理解得更透彻。此外，还要把故事讲得生动易懂，以便让他听了这样的故事后，会很快明白家长要传达的信息。

# 用幽默的方式与孩子沟通

　　生活中幽默无处不在，然而，很多有孩子的家庭中，幽默却往往被忽视掉。其实，幽默是一种效力很强的好东西，我们没有理由不使用幽默的方式来教育孩子。父母在教育孩子时多一些幽默感，用一些形象的比喻和生动的事例来阐述人生的道理，更利于孩子理解和接受。幽默的家庭，父母与孩子的关系必然是亲密无间的。在一个充满幽默感和欢笑的家庭中成长，孩子也会变得活泼、热情、开朗、乐观。

　　8岁的皮皮因为痴迷于武侠电视剧，天天喊打喊杀的，他妈妈为此忧心不已。一天，皮皮又在商店里看中了一支长剑，央求妈妈买给他。然而家里的玩具早就多得数不清了，完全没有必要再买。看着皮皮不达目的誓不罢休的劲头，妈妈知道不能直接拒绝，就蹲下身，在皮皮耳边悄悄说："宝贝，你的军费开支也太大了，妈妈的国库有点告急啦。如今可是和平年代，咱们商量商量，裁减点军费，怎么样？"皮皮听完，"扑哧"一声笑了，主动拉起妈妈的手走出了商店。

看，这位母亲用幽默诙谐的话，轻易就把原本难办的事情摆平了。

幽默是亲子间沟通的桥梁。世界上有人拒绝痛苦、忧伤，但却没有人拒绝笑声。教育孩子时，如果家长能经常从琐碎的事中想到"寓教于乐"的理念，那么再顽皮、再固执的孩子也会有所转变。在许多父母看来，幽默并不简单。其实，如果父母能从孩子的角度出发，尝试做到以下两点，幽默也并不是一件难事。

### 1. 欣赏孩子的幽默

父母可能觉得孩子年纪太小，缺乏阅历，在知识和智慧上远远不如自己，自然不晓得什么是幽默。事实上，孩子 9 个月的时候，幽默感就开始出现了。

妞妞一周半了。这天，她的手里被妈妈塞进一个话筒。妈妈说："我们妞妞的嗓音很棒，给我们大家来一曲吧！"听了妈妈的话，妞妞环视四周，用胖胖的小手鼓起掌来——意思是大家鼓掌我才肯唱呀！

掌声响起来后，妞妞便扭着屁股，晃着脑袋"咿呀咿呀"开唱了！与其说是唱，不如说是乱哼哼，但很有节奏！最让人捧腹的是，妞妞总是试图抬起腿来摆造型，然而每次都会摔得四脚朝天，逗得大家哈哈大笑！

### 2. 让自己重拾童心

人们常说"童言无忌"，这是孩童所特有的心理状态决定的。想要获得亲子间的幽默，父母有时需要抛弃成人的思考模式，学会用孩子的眼睛去观察，用孩子的兴趣去探索，融入充满童趣的世界。只有这样，父母才能与孩子有效地沟通，并懂得欣赏孩子的幽默。

事实上，我们找回童心的方法很多，和孩子一起看漫画书、一起做游戏，倾听孩子内心的小秘密，和孩子一起去大自然旅行、探险等，都会令我们回想起过去的童年时光，找回那份永存心底的童真。

# Part 03

# 对孩子暖心的爱，是最好的正面管教

# 请先了解你的孩子

我们常常会见到这样的事情，有的孩子在家里的表现是一个样，在学校里的表现又是一个样。为此，很多父母会有这样的困惑：我的孩子到底是什么样的呢？

家长们不妨问问自己，你了解自己的孩子吗？当你在做某项决定的时候，你是否想过："我这样做，孩子会怎么想？"如果你只是单方面地认为这样做决定对孩子好的话，那你的决定很可能就是错误的。

了解孩子的想法并不是说让家长完全遵循孩子的想法去做事，而是让你在了解了孩子的想法后，进一步了解到孩子的内在驱动力。因为孩子对事情的很多想法和做法都是在内在驱动力的作用下完成的，即便你的一些做法跟孩子的想法不一样，但只要能与孩子内心的驱动力相吻合，那孩子也会感受到你的爱。

所以，家长对自己的孩子要细心观察，真正掌握孩子的爱好、兴趣、长处和不足，这样才可以全面、客观地了解自己的孩子，只有这样，才能对症下药，才能采取合适的教育方式。

了解孩子的前提是沟通，但孩子往往都很少会主动与父母吐露心声，那么，父母应该采用哪些方法才能更好地了解子女的心声呢？

### 1. 慎用批评，奖励诚实

不管是不是孩子的错，如果你想要孩子把发生的事告诉你，攻击和批评可不是办法。此外，不要过早地下结论，要等待他把事情全部说完。听完了他的讲述，更重要的是诱使他自己发现问题的答案或者解决办法。

当孩子做错了事时，你必须首先对他向你承认错误的行为表示肯定。孩子们最担心因为他们的错误行为而失去父母的爱，所以你要特别注意鼓励他养成主动承认错误的好习惯。

### 2. 创造机会

"孩子，让我们来谈谈！"如果你们的谈话是这样开始的，结果往往是说话的只有你一个人。然而，在你们一起回家的路上，或周末一起玩乐时，往往是孩子滔滔不绝、喋喋不休的时候。

此外，吃完晚饭的时候正是孩子想告诉你很多事的时候，你也许有一大堆的碗要刷，但你最好留在餐桌前，耐心地倾听。大人们总计划着下一步，而孩子们只注重现在，要遵守他们的时间表。

### 3. 控制反应

比如，尽管当儿子告诉你他没有被校足球队选中时，你和他一样很失望，也不能让这种情绪表现出来。否则，会造成以后他只报喜不报忧的后果。

### 4. 及时弥补

不管我们怎样注意，总有犯错误的时候，及时弥补就显得极为重要。要肯放下架子，向孩子承认错误。

父母都希望孩子对他们敞开心扉，无所不谈，希望上述方法对妈妈们有帮助。帮助你们更好地了解孩子的心声，从而更好地去进行正面管教。

# 用有效的方式与孩子沟通

家长与孩子间的良好沟通方式，不仅能让孩子对家长敞开心扉，表达自己的真实想法和感受，还能让家长得到孩子的认同，从而让正面管教更容易进行。

所以，不要花大量时间去向别人诉苦，诉说自己的工作如何不顺心、压力如何大，诉说自己的孩子怎么不听话，跟别人诉再多的苦，也不如和孩子多一些沟通。别说孩子不愿意跟你沟通，只是你与孩子间的沟通方式存在差异。

小凯在学期考试中，数学成绩不及格。

小凯妈妈看到成绩单后，一句话也没有说。要是以前，她一定会生气地训小凯："就考成这样，你也不嫌丢人？人家怎么都能考满分？你到底学了吗？笨死了！"

这一次，小凯的妈妈稍微缓和了下情绪，她没有批评小凯，反而安慰他说："妈妈知道你心里并不好受，这次没考好不用担心，我们可以一起找找没考好的原因，然后解决困难，下次一定会有进步。"

小凯听了妈妈的话后，真正意识到了自己的不足，他认真地分析了一下试卷，并暗下决心，下次一定要考好。

小小在餐桌上吃早饭时，不小心把牛奶洒了一桌子。

小小的妈妈非常生气，要是以前，她一定会生气地训小小："你都多大了，怎么连个杯子都拿不住。"有的时候，还会顺手拍一下桌子。这一次，小小的妈妈没有立刻说话，她先自己调整好情绪后，对小小说："没事儿的，妈妈像你这么大的时候也不小心洒过牛奶和水。我知道你不是故意的，不过下次要注意啊。你把桌子擦干净好吗？"

小小得到妈妈的谅解后，还是向妈妈道歉了，然后高兴地把桌子擦干净了。

其实，家长凡事都应该将孩子放在一个平等的立场去对待，不要因为自己是家长就可以不考虑后果地训斥孩子。时间久了，孩子一定会逐渐对你关紧心门。

所以不论孩子做得多糟糕，家长都需要先平静下来，修正与孩子沟通的态度和方式，再与之展开交流，并进一步管教。特别是孩子还小的话，比如只是在上幼儿园，如果没有好的沟通方式，家长就更没有办法了解孩子都做了什么，以及他的一些想法。

例如，当家长将上了一天幼儿园的孩子接回家后，问孩子："今天过得怎么样？"相信孩子的回答一般是迟疑的，或者是笼统的。如果家长真正想了解孩子一天的幼儿园生活，并且让孩子以后主动跟自己说，那就一定要用有效的沟通方式。

### 1. 问题要具体，不要太大

家长不要问孩子太大的问题，比如"你今天在幼儿园过得怎么样"，因为这个问题对孩子来说非常大。

幼儿园年龄段的孩子大都不会总结性发言，他们的感受是针对具体问题的直观感受。而且孩子在幼儿园一天的时间里，不可能一直是一个心情，所以家长一定要拿一个个的小问题来问，比如"今天在幼儿园有没有学儿歌""学了什么儿歌"，这样的问题就比较具体，孩子也会给出直观的答案。

### 2. 引导孩子说

例如，孩子会突然给你说一句"今天吃午饭的时候，琪琪不乖了"。你可能觉得这件事情与你们都没有关系，但你必须附和着说"是吗？那最后怎么办的"，不论孩子说什么，都不要过早帮孩子做出对错的判断，而是应该试探着问孩子"她不乖是不是有什么原因呢"。你的试探性问题，不仅会引起孩子的深入思考，也会让孩子更愿意跟你沟通。

作为家长，如果一开始就跟孩子保持良好的沟通方式，那在孩子成长的过程中，无论他处于怎样的叛逆期，你都能更容易找到与他沟通的方式。

此外，与年纪小的孩子沟通时，家长一定要蹲下来和孩子说话，这种同等高度的沟通形势更有利于正面管教的展开。当家长蹲下来后，孩子会意识到家长对于双方沟通的尊重态度，这样，孩子也会放下警惕心理，更好地接纳家长的意见。

# 对孩子存一份合理的期望

对于孩子，家长们都有着或大或小的期望，谁都希望自己的孩子优秀，比自己优秀、比同龄人优秀，可是期望与现实是存在差距的。当你期望一个爱运动的孩子成为安静的画家时，你的期望就与现实脱节了。

合理的期望会有利于孩子的身心发展，但期望值并不是越高越好，也不是越强烈越好。当孩子感受到你的期望后，这份期望可以演化成动力，也可以演化成压力。视期望为动力的孩子，会被激发出更多的创造力，从而能更好地达到自己的目标，而视期望为压力的孩子，只会给自己的成长带来更多的负面因素。

小吉是一名三年级的学生，她就读于当地最好的小学，成绩在班级里数一数二。她不仅成绩出色，在其他方面也非常优秀，她每天放学后，还会参加很多业余辅导班，周一的钢琴课，周二的形体课，周三的素描课，周四的英语口语课……周末更是没有闲着的时候。在小吉父母的眼中，小吉是个优秀的孩子，以后也一定会成为拔尖的人。

对于小吉来说，她也一直给自己戴着"优秀"的标签，如果听到别人的半句微词，她便会情绪低落，对于他人的评价非常敏感。虽然小吉的各方面成绩都很优秀，但她总是不合群，很少与同学说笑和玩闹，心情总是压抑着。

小吉是个努力的孩子，她能清楚地意识到父母对她的期望，并且在努力实现父母的期望。可换个角度来看，小吉或许并不是真正地喜欢她努力学习的一切，她的努力只是为了获得父母和外界的肯定。

这样的状态对于小吉来说是残酷的，她将原本用来享受童真的时间都用来努力实现父母的期望了，而且她将这个期望放在了任何事情之上，这样一来，她会不停地给自己施压，一旦压力变得不可承受，她便会将怨念转移到父母身上。

而且对于小吉来说，她希望永远在别人那里得到肯定的回复，所以即便遇到一些难题，或许也不会向父母开口，她希望自己成为父母眼中最值得骄傲的孩子。但难题一旦无法顺利解决，小吉就会无形中给自己更大的压力，这对小吉未来的发展都是雷区。

作为家长，作为一名好妈妈，对孩子存一份合理的期望才是对孩子最温和的爱。孩子能上重点小学、重点中学和名牌大学固然是好事儿，可是没有就读名牌大学却也成功了的例子数不胜数。家长们必须承认，每个孩子的生理、心理的发展水平是不一样的，孩子间的差异性也是客观存在的，一味地对孩子抱有高期望值，对孩子的进步和身心健康都将是有害的。

所以，家长在确定对孩子的期望值时，一定要考虑自己孩子的实际水平，不要和别人的孩子比，当然，家长也不要低估自己的孩子，不要将期望值降得过低，这样也会不利于孩子的发展和进步。家长的态度决定着孩子的一生，家长对孩子的期望一定要合情合理，只有这样，孩子才会成为一个自己想成为的人，才会自我接纳，才会明白你的爱和管教是最温和的。

# 别在孩子面前唠叨个不停

很多家长都喜欢苛求孩子，一有不满意的地方就会不停地指责孩子，总是那么几句话，反反复复、喋喋不休。殊不知，这样的话说得越多，说得越频繁，孩子越听不进去。例如，常有父母抱怨："我家孩子老是不听话，真让人操心。同样的事我说不下几十遍，他才听得进去。"究竟是孩子不听话才导致家长的唠叨，还是唠叨才导致孩子不听话？这恐怕是一个值得人们深思的问题。

心理学专家研究指出，当载有新信息的语言第一次讲出时，对大脑的刺激最大，产生的印象最深。但同一内容多次反复出现，就会使大脑皮层产生某种抑制，自动关闭接受系统。在这种情况下，父母说得越多，不断给孩子施以相同的刺激，孩子越容易养成"心理惰性"，失去对父母的敬畏感。最终当再次出现相同的刺激时，教育效果便随之下降，甚至消失。另外，随着孩子年龄的增长，他们已经有了独立意识，如果父母总是想把自己的意愿强加在孩子身上，孩子也会产生强烈的逆反心理和抵触情绪——你说向东，他偏向西。父母越唠叨，孩子越逆反；孩子越逆反，父母越唠叨……时间长了，亲子关系就会处于恶化的边缘。

　　一天，小雨放学回家，向妈妈说起她同学飞飞的事情。飞飞前一天晚上从 4 楼自家窗户跳了下去，家人发现后立即将他送到医院。经医生检查，飞飞的左脚骨折，手部也有挫裂伤，颅骨也被怀疑骨折。

　　妈妈担心地问："这么小的年纪，有什么想不开的？是学习压力大，还是家里出了事情？"

　　小雨说："都不是，是被他妈妈骂了。"

　　一旁的爸爸忍不住说道："现在的孩子心理真的太脆弱了，自己妈妈骂一句就受不了。"

　　小雨却说："意志再坚强的人也受不了别人的唠叨。本来在学校待了一天，已经很疲惫了，想着放学回家轻松轻松，妈妈却唠叨个不停，谁能受得了！"

　　妈妈问："飞飞妈妈究竟说了什么？"

　　小雨说："飞飞长得又矮又瘦，体质也差，他妈妈就每顿做鱼做肉劝他吃，昨天他去奶奶家吃了一顿素，他妈妈就骂他。他一气之下就跳楼了。"

　　爸爸："就因为这一句话跳楼啊！"

　　小雨："要是你们天天这么说我，我肯定也受不了。"

　　可见，对孩子的管教不能简单化，要注入更多的爱，要用心变换不同的言语和方式。家长可以给孩子摆事实、讲道理，用尽可能简明的话语来表达，一定不要采取唠唠叨叨的方式，把一些惹人心烦的话翻来覆去地强调。孩子忘记了什么事，我们就提醒他；孩子做错了什么事，我们就告诉他错在何处，可说可不说的就不说；同时有好几件事要说的，就拣一件最重要的说，其他的事情等这件事了结后再说。你话少了，每句都说得恰到好处，他反而会觉得你的话很"金贵"。

# 多给孩子一些倾诉时间

一位记者曾经在街头对一些 3~9 岁孩子的父母进行了随机采访。在采访中，这些父母都被问到了以下问题：

"孩子最喜欢你穿哪件衣服？"

"他最近最想做的事情是什么？"

"他告诉你自己为什么喜欢和某个小朋友一起玩了吗？"

"每次他做错事，你都听他申辩过吗？"

"你每天有固定时间段听孩子讲自己的事情吗？"

遗憾的是，大多数的父母都无法回答这些问题，而且他们都觉得很惊奇，甚至有些父母表示，这些问题他们从来没有注意过。

父母们不了解自己的孩子，归根结底就是将自己放在了家长的"高位"上，不去倾听孩子的心声，没有给孩子一定的倾诉时间。

倾诉和倾听是对应的。每个人都会有倾诉的欲望，不论是高兴的事情还是受了委屈、遭遇了挫折，对孩子来说，他们最大的依靠就是父母，所以当有了倾诉欲后，他们最初想到的听众肯定是父母。当他们一再在父母这里受挫后，倾诉的欲望会降低或转移，而父母随之就失去了最好的与孩子沟通的时机。

听孩子倾诉是父母了解孩子最有效的途径。而且对父母来说，学会倾听，就是学会了理解、尊重、接纳、期待、分担痛苦、共享快乐。它的意义远不是仅仅给了孩子一个表达的机会。

一位妈妈每天晚饭后都会带孩子出门散步半小时。这段时间，孩子就像只欢快的小鸟，总喜欢叽叽喳喳地说在校的活动情况，如某个同学出了糗事，某个老师如何讲课等。如果孩子在校犯了什么错误或受了什么委屈，他也会在妈妈的耐心倾听下一吐为快。针对孩子说的具体情况，妈妈常因势利导，做循循善诱的教导，让孩子知道自己这一天的得与失，知道哪些需要继续发扬，哪些需要注意改正。这样，孩子散步回家后心情舒畅，做家庭作业时也顺心顺手了许多。

对孩子的爱有时候不用说出口，父母只需作为倾听者，给孩子更多倾诉的时间，这样就是给予了孩子关注和尊重，就是对孩子最有效的帮助。

家长们如果发现自己的孩子不爱说话或者说话紧张，甚至听你讲话时漫不经心，你就应该意识到，自己是否平日认真倾听孩子说话了。如果没有，父母必须马上做出改变，否则会抱憾终身。父母的倾听会让孩子将你视为好朋友，会使未成年的孩子从小学会以平等和尊重的心态与人建立联系，会使孩子觉得自己很重要，同时有利于他学会独立思考。

总之，多给孩子些倾诉时间，每天都要主动倾听孩子讲话。

# 用心聆听，听懂孩子的话外音

圆圆对正在厨房做饭的妈妈说："妈妈，已经是周末了。"

妈妈正忙着切菜，看也没看圆圆就说："这还用你说吗？我当然知道。"

圆圆有点泄气，但是，她还是鼓起勇气提醒妈妈："妈妈，你上周不是说……"

"我说什么了？我忘了。"妈妈仍是头也不抬地回答。

其实，圆圆是想提醒妈妈，上周答应过这个星期天带她去海洋馆的。不过一听妈妈这么说，圆圆嘟囔了一句"那算了"，转身就要离开。

妈妈觉得圆圆有点奇怪，回头看了看她，问："你到底有什么事啊？有话就说，别吞吞吐吐的，一副窝囊样。"

圆圆看了妈妈一眼，说了声"没事了"，就回自己房间去了。

有时候，出于自尊心或是别的原因，孩子并不愿意或认为没有必要说出自己的想法，但他们又很想让父母明白他们的意图，为此，他们会用试探、提醒等方式对父母进行暗示，用这种方式与父母交流，而让孩子失望的是，很多家长不明其意，还有些家长嫌孩子小题大做，浪费自己的时间。就这样，很多家长和圆圆妈妈一样，让简单的呵斥变成了亲子交流的主要语言。这会让孩子学会隐藏自己的真实想法，向父母关闭自己的心灵之门。

馨馨 4 岁的时候，每次看到妈妈看书，总会打断妈妈，不停地想吸引妈妈的注意。她一会儿指着自己的厨房玩具对妈妈说："妈妈，快看，我给我的布娃娃做饭了！"但馨馨的妈妈常常是应付地点点头："好，继续玩吧。"可没过一会儿，馨馨又装作不小心摔倒，坐在地上哭个不停，等妈妈把她扶起来。……最后馨馨的妈妈忍无可忍，躲到楼下的小公园里去看书了。

孩子在成长过程中渴望被关注，这是一种情感和安全感的需求，对家庭最小的或独生的成员来说，尤其如此。这些孩子原本是家庭的中心，一旦不被关注，就容易出现这个小女孩这样的行为。唱歌、破坏、说谎、装病等，通常都是孩子用来表达自己不想被忽略的信号。

家长应该学会倾听这些来自孩子的弦外之音，这样才能真正领会孩子的意图，知道孩子在想什么、要求什么、希望什么。为了做到这一点，家长要细心地观察孩子反常的、细微的行为信号，比如，孩子的声调、表情、动作等。有些孩子在试探父母时，会用眼角偷偷地瞄父母，或是抿嘴、低头，或是紧张地搓手，或是揉衣角。这些都是孩子的异常表现，家长要提高对这些细节的敏感度。孩子习惯行为的消失也是一大信号，比如，不吃饭、不睡觉、不做游戏或是精神不像平时那样集中等。

总之，想要准确理解孩子的话外音，家长既要做到学会察言观色，又要尽量将自己调整到与孩子同步的心理状态，去体会孩子的真实感受。

# 平衡好你对两个孩子的爱

　　现在不少家庭都有两个孩子，除去双胞胎外，一大一小的两个孩子越来越常见，但是孩子之间是少不了矛盾的，父母对于孩子的态度也会让孩子很敏感，如果两个孩子都想从父母身上争取更多一点的爱时，作为父母该如何平衡孩子们的情绪呢？

　　嫉妒是人的本性，随着孩子越来越大，争宠的表现说明他需要你的关注，甚至是完全的关注。而分享恰恰是现在的孩子所欠缺的，霸道、任性、自私都是没有学会分享的结果。尤其对于 2 岁的孩子来说，以自我为中心很容易养成这样的性格。于是，许多孩子成了家里的小太阳，所有的事都是他说了算，骄纵的情绪一直在助长。

　　孩子在 8 个月时就能体会到爱和满足，一岁半左右开始有了愤怒、恐惧、不安等情绪，并渴求爱，发展出嫉妒的情绪。当家中第二个孩子出生后，父母难免将精力放在照顾老二上，而忽略了老大也需要被关爱。当老大调试不好自己的心情时，就会产生嫉妒心理，有的会攻击自己的弟弟妹妹，有的会在家长面前争宠，无论哪种，其真正的目的都是希望得到父母更多的爱。孩子的心是敏感脆弱的，如果父母多关心了另外一个孩子，那么这个孩子也会渴望得到父母的关爱。

如果家长及时发现了孩子的这种状况，要及时引导孩子的负面情绪，否则很容易对孩子造成一些不良影响。例如，孩子会自尊心和虚荣心高涨；不喜欢分享，更不会产生同情心理；自私自利，以自我为中心。

所以，家有两宝的父母，一定要多反思自己的行为，看自己对孩子是否有偏心的现象。父母不妨经常告诉孩子你们的爱，例如，说出你爱他、亲他的脸、牵他的手、拥他入怀，平日有时间多和孩子聊天、玩耍，以此增进彼此的感情和了解。

当然，大部分孩子不会过于敏感，但是如果两个孩子之间出现了矛盾，家长的处理方式不公平时，或者在孩子看来不公平时，孩子的心理也难免会出现一定程度的扭曲，所以当家中的两个孩子为了各种鸡毛蒜皮的小事儿争吵时，家长们的态度一定要保持绝对的中立，即便是一方有错，也暂时闭口不谈，尽量让孩子自己解决，家长们可以在事情结束后与孩子谈心，但是尽量不要干涉孩子处理矛盾的过程。


小明和小白两兄弟在家中已经发生过无数次"战争"，每次都互不相让，可是没多久，两兄弟又好得不得了。

一次外出，两兄弟为谁应该坐在汽车的前排而争吵，他们的妈妈说："孩子们，我建议你们在想出如何分配前排座位的办法前，谁都不可以坐在前排。"

小明年龄大一些，他对妈妈说："妈妈，这不公平。"小白却说："妈妈，前几天小明坐前排了，我这次要坐前排。"

他们的妈妈没有听任何一个人的话，只是平淡地说："我没兴趣听你们的争论，目前我只关心你们该如何将这个问题解决了。所以，在你们商量好解决办法前，我很乐意看到你们一起坐在后排。"

不要觉得你是大人，处理问题的方式方法就会比孩子的有效，其实大人参与解决孩子们之间的冲突时，往往会使冲突恶化。孩子能够自己想出既出色又有效的解决办法。所以，父母们不要担心孩子间的微妙关系，只要你从一开始就保持中立，少提意见，你的孩子们肯定会和睦相处下去，而且他们对于父母的态度也会更亲近，不会再抱怨父母偏心，也不会有强烈的争宠行为了。

家有两宝，父母肩上的责任更重大一些，请记住，孩子不管是平凡还是优秀，都是父母的宝贝，请同等地对待孩子，关心、关爱他们，在自己的生活中合理安排好两个孩子，巧妙地做好平衡。

# 孩子正在等待你发出的爱的信号

晚上 8 点多，幼儿园的小华还没有家人来接。以往小华的爸爸一般都很早来接他回家，今天这么晚了，不仅没来接，也没给老师打电话，老师也有点着急，便主动给小华的爸爸打去电话。

小华爸爸很快就接了电话，电话中他连忙说着不好意思，今天因为加班，本来以为不要很晚就可以去接，没想到一忙就忙过了头，忘记和老师说了，他说，小华的妈妈已经骑单车出门去接孩子了。

没过几分钟，小华的爸爸又打来电话，原来小华妈妈的单车半路坏了，家里还有个小宝宝需要照顾，想让小华暂住学校一晚。

老师看着小华失落的样子，让小华接了爸爸的电话。电话那头，小华爸爸说："小华，爸爸今天加班很晚，现在还没回家，妈妈在来接你回家的路上单车坏了，还得赶紧回家照顾妹妹，你今天先住学校，明天爸爸来给你送洗漱用品，好吗？"小华很小声地说了一句"好"。

老师从小华的表情和语气中感到了失落，她在安顿好小华后，又给小华爸爸打去电话："小华之前就一直坐在楼梯口旁的房间里，还跟我说听到爸爸叫他下去的声音，我确认没人，只能安慰着他，听说您不能来接了，有点要'哭'的样子。"小华爸爸听说孩子快哭了，忙说："那叫我老婆打车去接孩子。"老师劝他："这么晚了，你还在加班，家里还有个小女儿，不用了，而且生活老师已经照顾孩子睡下了。你和孩子妈妈明天早晨弥补下，帮孩子送份爱心早餐来校，多和他表达下自己的爱。"小华爸爸听了老师的劝告，没再坚持。

第二天早晨，老师看到小华脸上没任何失落感，问了生活老师才知道，小华爸爸一早就给他送了丰盛的早餐过来，小华看到爸爸后很高兴、很开心。

对孩子来说，爱是他们幼小的心里最需要的东西；而对父母来说，爱最核心的力量就是，你的爱让孩子知道。如果孩子在童年时不曾体会到被爱所带来的幸福感，成人以后他的幸福感会严重缺失。父母给予孩子生命，不仅仅是要孩子活着，还要让他们活得开心，活得有存在感、意义感、幸福感。

很多父母觉得爱孩子就是给孩子更好的物质生活，给孩子报更多的辅导班、兴趣班，其实不然。很多家庭的父母本身是文盲，但也培养出了很优秀的孩子。这样的父母大都照顾到了孩子精神上的需求，给了孩子足够的爱和支持。

也有的父母认为家长就应该严厉点，温和的态度只会让孩子更难管教。其实，父母并不是不需要严厉，而是需要把控好温和与严厉之间的度，用温和的方式给他们指明方向、给他们爱的温暖，又要严厉地教他们遵守规则。如果父母只是教给孩子各式规则，那父母就与老师没什么区别了。

孩子最渴求来自父母的爱，所以父母不要一门心思放在如何严厉管教孩子方面，而应该让孩子感受到爱，让孩子接受温和的教育，这会让他们感到很温暖、很安全。

# 你有信心，孩子自然信心十足

放学回家的小威不时哼唱音乐课上刚学会的歌曲，吃过晚饭后，他更是意犹未尽地在爸爸妈妈面前大声唱了起来。这时，正看着电视的妈妈累了一天，心情烦躁之下，不耐烦地吼了句："你的声音很差，不适合唱歌。"小威立刻噤声，低着头回了自己房间。从此以后，小威再也没在别人面前唱过歌。

对于心烦意乱的家长来说，小威的举动是有些不懂事儿，可孩子是在自己家中，而且只是在唱歌，他唱歌时一定是开心的，甚至是期待着家长注目的。此时，家长即便在专心做一件很重要的事，也要在转过头大吼之前深吸一口气，笑着对孩子说："孩子，你唱得不错。"否则，你的制止会换来自己片刻的安静，却也会让孩子丧失最难建立起来的信心。父母是孩子信心的培养者，现在不少父母认为自家孩子缺乏自信心，那不妨想想上面类似的情景是否经常在你身上发生？如果答案是肯定的，那就要及时反思，别将孩子自信的幼苗扼杀掉。

幼儿阶段是孩子形成自信的重要时期，足够的自信心是孩子成才与成功的前提。一个缺乏自信的孩子，即使头脑再聪明、反应再灵敏，但在学习和生活中稍有挫折就会萌生放弃心理。充足的自信心可以让孩子直面困难，勇敢尝试，努力进取，那么家长该如何呵护和培养孩子的自信心呢？

**1. 赞赏孩子的点滴进步**

家长的评价对孩子产生自信心理至关重要。当孩子的行为举止有进步时，要毫不吝啬地对他说"你真棒"，日常与成年人间对孩子的评价也要多为孩子的长处而骄傲，不为孩子的短处而遗憾，要绝对禁止对孩子说"你真笨""你不行""你不会"之类的词语。

**2. 在实践中培养孩子的自信心**

3岁的娜娜想帮妈妈摆餐桌。她拿起牛奶瓶准备往玻璃杯里倒牛奶，妈妈抢过牛奶瓶说："别动这个，你还不够大，我来倒牛奶，你可以摆餐巾纸。" 娜娜露出难堪的神情，转身离开了餐桌。

娜娜的妈妈显然做错了，她不仅没有鼓励孩子，反而打消了孩子在某些方面的信心。正所谓初生牛犊不怕虎，孩子天生具有极大的勇气，并且会热切地去尝试其他人能做的事情，只要能保证孩子的安全，这种行为家长一定要积极鼓励。

鼓励是培养孩子自信心最重要的一个方面，每一个孩子都需要不断鼓励。当孩子试着做一件事而没有成功时，只是他还没有掌握其中的技巧。一旦孩子了解了一些技巧，他很快就能把事情做好。

每个人都是第一次当父母，都需要在点滴生活中摸索和积累经验，所以，请给自己和孩子多一次机会、多一些信心，才能将孩子培养成一个充满自信的人，这样孩子才会自信、乐观地面对人生，才会有幸福、快乐的生活。

# 多鼓励孩子，而不仅仅是赞扬或奖励

　　家长总是希望孩子听话，来达到自己的要求。为此，很多家长不约而同地采用了奖励的办法。在对待孩子的学习上，有些家长为了激励孩子，或者鼓励孩子把已经取得的成绩继续发扬光大，会大方地满足孩子的愿望。在其他方面，很多家长也会使用类似的方法来鼓励孩子。面对家长的利益诱惑，久而久之，孩子很可能变得动辄要求奖赏，功利心越来越重，不管这个事情是不是自己本来应该做到的，做事前都要先讲好条件，不懂得体谅父母和家庭的难处，而且胃口会越来越大。

　　7 岁的苗苗绘画很有天赋，经常一个人趴在桌上画。妈妈为了提高她的积极性，每次画完一幅画就会用买零食、延长看电视时间等方式奖励她。最初一段时间这种做法的确有效，苗苗绘画的积极性提高了很多。但时间长了，妈妈发现苗苗有时画的画不再像最初那么鲜活、富有想象力了，而且苗苗对奖励的要求越来越高。一包蜜饯不够，看电视的时间也越来越长，不让看电视就不画画。

妈妈用奖励的方式鼓励苗苗好好画画，本意是想要提高苗苗绘画的积极性，可为什么结果却是这样呢？

　　小波是一名小学三年级的学生，学习成绩一般。妈妈为了鼓励他好好学习、提高成绩，决定采用物质奖励的办法。这次考试之前，妈妈又对小波说："只要你有一科能考满分，我就给你买最新款的游戏机。"小波下定决心，这回一定要把游戏机弄到手。可问题是，他知道自己的学习水平如何，考试绝对没有可能得满分。

　　经过一番思想斗争，小波决定为了心爱的游戏机铤而走险。考场上，作弊的小波被监考老师抓了个现行，不仅被宣布考试成绩作废，还要求他在全班同学面前做检讨……

　　看到这里，很多家长会认为以后不要再给孩子奖励了，其实这种想法也不对。物质奖励并不是不可以，但关键在于奖励得当。

　　当孩子不需要物质激励也能出色完成某项活动时，你没有必要画蛇添足给他奖励。例如，当孩子做对一件事情或者帮忙做了家务的时候，可以为他们点个赞、送一个微笑；用适度的言语真诚地提出表扬，指出不足，给孩子信心和鼓励，但是一定不能有物质的奖励。当你说出"做得真好，奖励你一个玩具"的时候，就注定在下一次做得好的时候必须要有玩具奖励了。

　　当你要鼓励孩子完成某项他并不是太喜欢的活动时，不妨给孩子一句爱的鼓励或一点物质奖励。为了防止孩子产生攀比心理，家长可选择必需品或对孩子有益的奖品，如运动器材、书籍等，切忌选择奢侈品。

　　总之，家长要记住，物质奖励只能是一种辅助措施，注重精神鼓励，才不致将孩子培养得"唯利是图"。

# 做错了，就真诚地向孩子道歉

到了去亲子中心上课的时间，妈妈催了友友好几次，可友友还是一直在低头摆弄她的拼图。眼看就要迟到了，妈妈怒气冲冲地走过去抓起友友面前的几块拼图扔进了垃圾桶里。友友眼泪汪汪地看了看妈妈，想要说些什么，但还是沉默着换了鞋，跟妈妈出门了。

路上，妈妈忍不住又批评了友友几句："不是不让你玩拼图，但是你不该因为贪玩耽误了上课。"

友友听了，小声说了句："我就是想把它们放回盒子里，好下次再玩。"妈妈听了，虽然有些后悔自己刚才的做法，但还是没有说什么。

过了几天，妈妈的一个朋友带着儿子来家里做客。男孩比友友大两岁，和友友一起玩玩具的时候不但不爱惜玩具，还把玩具到处乱扔。而友友却能做到每玩完一件玩具就随手放回原来的位置，还不断把男孩弄乱的玩具摆放整齐。

朋友见了，羡慕地问友友妈妈："友友才3岁，已经能做到把自己的玩具摆放整齐了，你是怎么培养的？"朋友的话让友友妈妈很得意，她兴高采烈地向朋友介绍经验："友友2岁的时候，我就为她准备了专用的玩具架和整理箱，还为她示范该怎样摆放玩具。久而久之就养成了习惯，现在每次玩过玩具后，她都能自觉地把玩具归位。虽然她的玩具很多，但是因为每个玩具都有自己的位置，所以一点儿也不会乱。"

说着说着，友友妈妈猛然间想起自己扔友友拼图的事。当时友友为了把玩具归位耽误了时间，她却因为心急误解了友友，不光责备她贪玩，还把她心爱的拼图扔进了垃圾桶。这让她心里感到一阵难过，"差点就因为自己的误解毁了孩子已经养成的良好习惯，还好自己及时认识到了这一点。"朋友和儿子离开后，妈妈走到友友面前，为误解友友的事郑重向她道歉。

人无完人，家长不可能每件事都做得正确。如果家长总是为自己的错误"打掩护"，不肯向孩子承认错误，久而久之，孩子对父母提出的观点和要求也会产生质疑，甚至不再重视。那么，失去了说服力的家长以后再对孩子进行教育时，也就变得难上加难了。

事实上，家长在孩子面前犯错后勇于承认并适时地向孩子道歉，不仅不会丢了面子，反而能够赢得孩子的尊重和信任。只是，家长在向孩子道歉时有些地方需要注意。

### 1. 道歉要直接

错了就该当着孩子的面及时、直接地道歉，拖拖拉拉、支支吾吾、拐弯抹角是不行的。有些父母选择以信件的方式，或是让他人帮忙转告来表达歉意，这些都是很难获得孩子的认可的。因为这种方式会让孩子感觉道歉来得太迟、太缺乏诚意，自然也很难起到好的教育效果。但如果孩子能感受到父母率直不扭捏的道歉，孩子将来也很容易大大方方地承认错误。

**2. 道歉要真诚**

道歉不是只说句"对不起"就万事大吉了，家长一定要让孩子感受到自己的诚意，要让孩子体会到自己犯错后歉疚的心情。家长向孩子讲明自己犯错的原因，由心而发地向孩子道歉，才能收获孩子的谅解，从而化解与孩子之间的矛盾。

**3. 不要随便向孩子道歉**

有些父母似乎有随时向孩子道歉的习惯，孩子不爱吃饭、上学迟到、生病不舒服……家长都认为是自己的原因导致的，而频繁地向孩子道歉。这种不管发生任何事，家长都把责任揽在自己身上的做法，非但不能建立良好的亲子关系，反而会让孩子变得越发骄纵任性、责任感淡薄。所以如果家长没有什么不对的地方，千万不要动辄对孩子说"都是爸爸（妈妈）不好"。

总之，为自己的错误真诚地向孩子道歉，可以明确表达出家长尊重孩子享受公平对待的权益，可以架起亲子间沟通的桥梁，是家长与孩子维持情感的良方，而且是家长应该为孩子做出的正确的行为示范。

# Part 04

# 别怀疑，每个孩子都是天才

# 孩子的成绩单不能说明一切

小诚期末考试数学得了 100 分，他的妈妈非常高兴，随口问小诚想要什么礼物，要给他一个奖励。听了妈妈的话，小诚并没有表现得很兴奋，反而有些失落，他小声地问道："妈妈，如果我下次考试考砸了，你会不会就不喜欢我了？会不会不再给我买东西了？"

小诚妈妈听了之后，心里很难受，她发现自己过于关注儿子的成绩，反而让孩子有了很大的心理压力。小诚妈妈决定改变自己的这种心理，于是她用很轻松的语气说："不会呀，妈妈爱你跟你的考试成绩无关。"

小诚听了妈妈的话后，非常开心。

其实，哪个父母不爱自己的孩子？但是父母对孩子的爱也要理智，也要单纯，爱孩子应该是没有任何附加条件的。特别是孩子上学后，家长会将更多的注意力放在孩子的学习方面，所以成绩好坏很容易左右家长对孩子的态度。一些表现极端的家长，会在孩子成绩好的时候，带孩子旅行，买昂贵的玩具，吃精致的美食；而当孩子成绩不好时，就非打即骂，完全没有好脸色。家长这样的态度，难免会让孩子产生一些微妙的想法，就像上面案例中的小诚那样，孩子会怀疑父母的爱，是爱自己呢，还是爱他们取得的成绩？

对于孩子来说，他们也在意自己的成绩，因为在学校，他们会感受到来自老师、同学方面的压力，但家是孩子最温暖的港湾，如果孩子本身就因为成绩不理想而心情低落，回家后还要看家长的脸色，那孩子心里能轻松吗？所以，无论孩子的成绩单怎样，家长都要以平常心去对待，一次考试成绩不能说明一切，只要你看到孩子一直在努力就好了。

对于父母来说，孩子的成绩单也不能完全不重视。成绩单不能说明一切，却也是孩子一个阶段性的检测结果，当孩子成绩差时，家长一定要帮孩子分析原因，是学习的劲头松了，还是偏科了，又或者是临场经验不足，无论是哪种原因，都需要家长有针对性地给予孩子意见和帮助；而当孩子成绩好的时候，家长也不能让孩子沾沾自喜，给予适当的表扬和奖励时，更要稳住孩子的情绪，让他明白目前的成绩只能证明过去的努力，今后的努力才是最重要的。

每个孩子都有自己优秀的一面，家长要不断反思对孩子的关心程度，不要一门心思只盯着成绩单看，要用心去发掘孩子最优秀的一面。

当然，家长也不是不需要关心孩子的成绩单，只是需要明白，成绩单是让家长了解孩子成绩状况的媒介。家长们不要因为一张纸而否定孩子的努力，否则对于敏感的孩子来说，你否定的就不仅仅是孩子的努力了，还有可能是孩子的一生。

# 给孩子最大的权限去独立思考

海边沙滩上，一个小孩正用小铲子将沙子往漏斗里装，然后拿着漏斗去对准瓶口，因为漏斗会漏，沙子剩不了多少，总也装不满瓶子。几次失败的体验后，小孩丝毫没有泄气，仍一点一点儿地装着。在一次次的反复后，小孩找到了问题的"症结"，他会在确认漏斗口对准了瓶子后，才开始往漏斗里装沙子。而这一切发生时，孩子的妈妈就在不远处看着，只是在最后看到孩子高兴地看她时，才为孩子拍手庆贺。

不远处，另一位妈妈则全程加入到孩子的活动中，当孩子拿起漏斗，沙子从底部漏掉时，她就急忙蹲下来："你做错啦。来，妈妈教你，把漏斗对准瓶口，再把沙子从这里灌下去。"

同样的问题，不同的妈妈采用了不同的方式去处理。第一位妈妈看似对孩子不够关心，其实是更科学地关心孩子的成长；第二位妈妈很注重参与孩子的活动，却忽略了孩子自身的思考能力。

要知道，当孩子越来越注重思考和探索后，他会更加乐于去发现问题、解决问题，而当孩子乐于从父母那里获取结果时，他会产生依赖的惰性心理，会变得越来越不爱思考。

正面管教的教育理念，是启发孩子们独立思考，发表自己的见解。从小就缺乏独立思考能力的孩子，长大成人后，势必会给他的创造性带来很大的障碍。

家长要做到尊重孩子独立思考的能力，要从以下方面入手。

### 1. 让孩子说自己想说的话

让孩子说自己想说的话，敢于发表与大人们不同的意见，甚至敢于对大人们的批评进行反批评。这样的孩子看似不听话，实则很有独立思考的能力，只要言语不失恭敬，要允许孩子随便说。

### 2. 给孩子私人的空间

家长不需要时时刻刻陪在孩子身边，这会让孩子形成依赖。家长在日常生活中，多给孩子独处的空间和时间，对孩子的思考是十分有帮助的。因为只有一个人的时候，孩子才会独立思考问题。

### 3. 让孩子自己解决问题

在日常学习和生活中，孩子会遇到很多他认为麻烦的事。但对于一些时效性不强的问题，家长都不应该过早插手解决，而是应该问孩子："你想怎么做？""你认为该怎么办？"这些对培养孩子独立思考的能力都是不错的方法。

# 孩子的事情，让他自己去选择

培培的妈妈是一名中学数学老师，她的爸爸也从事着理科方面的研究工作。但是培培对于数学根本没有兴趣，对于其他理科也是如此。这对于培培妈妈来说很是棘手，她有些不知道该如何去培养孩子了。

培培很喜欢看书，妈妈觉得看书总是好的，就给她买各式各样的书，小时候的画报，长大后的一些少儿读物、文学读物。渐渐地，培培有了一些自己喜欢的杂志，她跟妈妈商量能否给她订购全年的。培培妈妈也琢磨出来，孩子是喜欢阅读，便毫不犹豫地答应了。为了让孩子能读一些有意义的书，给培培买回来的书，妈妈都会大致看一遍，而且培培妈妈也开始关注一些不错的图书，将她觉得有意义的书买回来送给培培，或者带她去书店选书。大的阅读量让培培爱上了写作，语文成绩一直很好，培培的作文还经常得满分。

每个孩子的身上都蕴含着巨大的潜能，作为家长，最应该做的事情是给孩子一定的自主权，让孩子自己去选择。当孩子找到自己感兴趣的事物时，他会投入非常大的热情去参与、去感受。所以，家长不要过于功利地给孩子选择你认为不错的兴趣爱好，让孩子学会自主选择，让孩子的一生有个最好的开始。

妈妈们只需要考察下孩子喜欢的事物是否是健康积极的，只要能肯定这一点，那就放手让孩子学吧，既然孩子已经表现出了兴趣点，那就给孩子一个好的平台，让他能尽力做到最好、最出色。即便孩子尝试过后，发现自己是一时冲动，或者毫无天赋，那也是孩子一段美好的经历。

夏夏在上幼儿园后，了解了梦想这个词，在跟父母描述自己的梦想时，她说自己的梦想是做一名烘焙师。

夏夏妈妈听了夏夏的倾诉后，没有说任何打消孩子积极性的话，还许诺夏夏，周末带她去附近的一个烘焙班实地体验。

夏夏度过了一个愉快的周末，夏夏妈妈觉得夏夏是真的喜欢烘焙，而且这项活动能锻炼夏夏的耐心，所以她又给家里添置了各种烘焙工具和原材料。此后，只要时间充裕，无论是傍晚还是周末，夏夏都能和妈妈一起在家尝试做各种甜点。

现在，夏夏已经上高中了，她已经能够独立做好很多面包和甜点了。只要亲戚朋友有人过生日，夏夏就会拉着妈妈一起给他们做生日蛋糕。

也许夏夏不会真的成为一名烘焙师，但是夏夏的选择让自己有了很好的业余生活，她会感受到父母对她的选择的支持，也在自己的选择中体验到了做好一件事所经历的过程。

对孩子的正面管教就是如此，每个孩子都是不一样的，每个孩子独特的优点都是他们成功的助力。作为父母，我们要做的就是不要怀疑孩子，给孩子自主选择的权利，然后帮助他们朝着感兴趣的方向发展。

# 孩子有兴趣，才能长久持续发展

　　茜茜在幼儿园的时候特别喜欢跳舞，每年儿童节的时候，她都是小朋友们关注的焦点。上了小学后，茜茜仍然把自己大部分的时间都花在了跳舞上，对学习却提不起一点兴趣，这使得她的学习成绩越来越差，人也变得自卑了。对此，茜茜妈非常着急，在多次管束、批评无效后，她决定跟女儿好好谈一谈。谁知她还没正式开口，茜茜就委屈地说道："妈妈，我也想学习，但我就是学不下去，有时候我看着看着书，脑子里就想起跳舞的事了。我不知道该怎么办……"

　　很多孩子在启蒙阶段，会觉得自己学的内容枯燥、有难度，有的孩子甚至开始对学习失去兴趣。孩子对学习提不起兴趣，便会像茜茜那样，无法集中精力看书、听讲，那么孩子成绩下滑，甚至因此产生厌学情绪，就是理所应当的了。所以，我国著名心理学家潘菽说："兴趣是学习动机中最现实、最活跃的成分。"瑞士儿童心理学家皮亚杰也认为，兴趣是"能量的调节者"。

其实，无论是孩子还是大人，对学习没兴趣，都难以投入其中，真正汲取到知识的养料。因此，想让孩子主动学习，甚至爱上学习，只能从兴趣入手，让孩子成为一个对学习感兴趣的人。建议家长做到以下几点。

### 1. 要利用好孩子喜欢玩游戏的天性

孩子都喜欢玩游戏，因为游戏可以使孩子体会成功的乐趣，并且产生再接再厉的斗志。所以他们一玩起书籍中的涂色游戏、连线游戏、折纸、小制作、走迷宫等，就会乐此不疲，可以在一个小时甚至更长时间里做同一件事。对于这样的孩子，家长完全可以利用这一特点来培养他对学习的兴趣，比如，可以教孩子制作计算卡片、生字卡片，让孩子利用 26 个英文字母拼出英语单词，等等。这种方法，不仅能让孩子在游戏中接触到自己在课堂上学到的知识，还能让他们发现，学习原来可以像游戏一样有趣。那么慢慢地，他们就会对学习产生兴趣了。

### 2. 利用孩子对某方面的兴趣来间接培养他的兴趣

优秀家长的经验证明，学习目的的教育应该联系孩子的思想和实际，坚持耐心细致的正面教育，通过生动形象、富有感染力的事例，采用多种多样的形式，把学习目的与生活目的联系起来，这样才可以收到良好的效果。例如，你的孩子在学跳舞，她因为吃不了苦而讨厌练习基本功，但是她对学习舞蹈可以参加各种演出这件事很感兴趣，那你就可以好好利用她的这种兴趣，来促使她从事基本功练习。所以，当孩子对某种学习任务不感兴趣时，家长可以通过他对某方面的兴趣，间接地激发他的学习兴趣。

### 3. 辅导孩子学习时方法要灵活、多变

孩子的注意力是多变的，具有很大的迁移性。他们有一种"求新""求奇""求特"的心理，总喜欢去注意那些生活中比较少见、奇怪的事。所以，家长在辅导孩子学习时，如果总是用一成不变的方法，或者总是在那教他数学或英语，那孩子很快就会产生疲劳、厌倦之感，进而对学习失去兴趣。

# 保护孩子的好奇心，激发孩子的求知欲

炎炎是个内向的小女孩，好像对什么东西都不感兴趣。她不爱和别人讲话，不喜欢唱歌、跳舞这样的活动，也不爱学习。

上小学后，炎炎妈对女儿这个状态很发愁，于是给她报了很多辅导班。但炎炎很不自觉，上课的时候必须得有老师盯着才学习，在家做作业的时候，也必须得有人盯着才做。无奈，炎炎妈只好求助于做老师的朋友。

朋友听完炎炎妈的话，觉得很不解：像炎炎这么大的孩子，应该是对什么都好奇、对什么都具有强烈的求知欲望才对，可是，为什么这个孩子好像对什么都不关心呢？于是她问炎炎："宝贝儿，你最喜欢听什么故事啊？"

炎炎歪头想了想，说："卖火柴的小女孩！不过，我好久没听过了，因为以前每次让妈妈讲给我听，她都说忙。"

"可现在你已经开始学汉字了呀，难道你就不想自己学会了，自己去读吗？"炎炎妈的朋友继续问道。

"开始是想的，可是有些字好难写，我学了两天就忘了，妈妈说我笨……我就再也不愿意学了。"炎炎委屈地低下了头。

每个刚出生的孩子对这个世界的印象都像白纸一样，一无所知。所以，他们从睁开眼的那一刻起，就对世界充满了好奇和疑问。这也就是说，每个孩子的好奇心和求知欲都是与生俱来的。可孩子最初的好奇心和求知欲只是一个萌芽，它到底是能长成参天大树，还是被快速扼杀，全看家长是否懂得保护和珍惜。

托尔斯泰说："成功的教育所需要的不是强制，而是激发孩子学习的欲望。"家长想要让孩子产生"我要学"的愿望时，就应该学会保护和激发孩子的求知欲。建议做好以下几点。

### 1. 重视孩子的提问

当孩子向家长提问时，如果家长能给予足够的重视，并且表现出极大的热情，认真回答他的疑问，那孩子探索周围世界的热情就会越来越高，求知的欲望也会越来越强；如果家长对孩子的提问不重视，总是置之不理或敷衍了事，那孩子就会失去再问下去的兴致，也就不会产生学习的欲望了。

### 2. 鼓励孩子多想象

孩子天真无邪，想象力丰富，大人要利用好孩子的这个特点，结合具体情境，有意识地引导孩子去想象一些东西。比如，当你带孩子去野游时，可以让孩子想象一下，假如自己在森林里迷路了，该怎么办；或者当你和孩子一起读关于月球的故事时，可以让孩子想象一下，假如自己到了月球，是怎样一种状态，等等。

### 3. 学会用疑问激发孩子的求知欲

在激发孩子的求知欲时，家长还可以根据生活情境，巧设疑问，比如吃腌黄瓜时，家长就可以问问孩子，为什么黄瓜被盐腌制后会缩小呢？这样的问题可以给孩子心理上造成一种悬念，激发孩子的求知欲，对启发孩子的思维很有帮助。

### 4. 让孩子多接受大自然的熏陶

大自然的花花草草、山山水水、日月星辰等无不丰富多彩、变幻多端、充满奥秘。所以，要想开阔孩子的思路，让他们产生无尽的遐想和无限求知的欲望，就必须多带孩子到大自然中走走，让孩子接受大自然的熏陶。

### 5. 鼓励孩子自己去探索

对于孩子来说，所有事物都是陌生的，天生好奇的本能会驱使着他们不断地去探索新知。当孩子渐渐长大，有了一定的知识积累后，对于他们提出的一些问题，家长应该引导他们自己去思考、去探索，而不是像以前一样有问必答，着急把答案告诉他们。比如，当孩子知道了彩虹的形成原理后，可能会问：我能自己做出一道彩虹来吗？这时候家长应该说："你可以自己试一下啊！"这样说，孩子会很乐意去探索，并从中感受到探索的乐趣和找到答案的成就感，结果就是，他会产生更加旺盛的求知欲望。

# 孩子的专注力可培养、可提升

很多家长会发现自家孩子到了学龄后，问题多多，特别是在专注力方面，总是没耐心，上课时听着听着就走神儿了；上课没多久就开始东张西望，总是坐不住；写着写着作业，一会儿上卫生间，一会儿玩笔；你和他说话，他看上去像是在听，其实根本没听进去……

各种问题，别提多闹心了，甚至在你控制不住情绪后，大吼大叫地训斥也没有用，孩子仍然该走神走神、该不听不听。

专注力不是天生的，它需要后天的培养，现实生活中很多孩子都缺乏这项能力。所以，妈妈们对于孩子的专注力一定要有足够的重视。

当你觉得孩子的专注力不够时，不妨想想你是否遇到过以下情况。

小小从小就喜欢涂鸦，看她有兴趣，妈妈就给她笔，让她喜欢怎么画都行。她每次画画都非常专心，画个一两个小时都很正常，妈妈怕她累就喊她："我们出去玩吧，你坐着的时间太长了！"但是小小头也不抬地说："我还没有画完，你等我画完吧！"这样两三次以后，妈妈再看到小小画画，就不会去打扰她了。

孩子无论玩什么，都有自己的自由和乐趣，当孩子沉迷于一件事的时候，爸爸妈妈不要突然介入。比如，"孩子喝点水吧！"或者"时间到了马上吃水果吧！"类似这样的事情，都是一种打扰，让孩子无法专心在这件事情上。看似无意识的举动，其实已经影响了孩子的专注力，父母陪伴孩子只需要坐在他的旁边，等孩子需要帮助时，再伸出援手即可。

虹虹的同学晓晓在虹虹家。两人在沙发上你一言我一语，正在比赛"吹牛"："我爸爸明天要给我买电飞车。""哼，我爸爸会给我一架飞机呢！""那有什么了不起，我伯伯是空军，他会给我买一架宇宙飞船……""我……"

这时妈妈进来，叫她俩："你们俩真有意思，快别瞎说了，两个小家伙吃饭了。"两个孩子中止了对话。

孩子们正在放飞自己的思维，进行想象力的练习，正需要专注地调用大脑思维、组织语言，这是很好的思维游戏，妈妈们遇到这样的情形，一定要耐心等孩子们兴致勃勃地把对话游戏做完。

作为家长，都希望自己的孩子能静下心来踏踏实实地学习，认真地听讲、专心地工作、有效率地生活。但是越来越多的浮躁情绪影响着孩子和家长，让这份专注力不那么容易保持和培养。所以，当孩子无论在什么时候，专心地做一件自己喜欢的事情时，爸爸妈妈请不要打扰，请耐心地等待。

# 告诉孩子，别轻言放弃

每个孩子都是妈妈的心肝宝贝，每当他们遇到困难，还没等自己动手解决时，妈妈往往就会冲上去，把种种障碍排除掉。也许在妈妈看来，这是自然而然的行为。但正是妈妈的这种代劳让孩子失去了许多体验的机会，也造成了他们性格上的缺陷。孩子必须学会适应失败，同时，也必须养成永不放弃的习惯。姑息孩子一遇到困难就打退堂鼓的毛病，对他们的成长是极为不利的。

来来小的时候特别喜欢玩积木。一天，他画了一座豪华的宫殿，兴致勃勃地把几套积木合在一起，堆到地上，准备按"图纸"建造属于自己的"宫殿"。但这项"工程"实在是太大了，他搭了整整一个晚上，却只完成了一小部分。

吃过晚饭，来来对搭建"宫殿"失去了耐心，准备上床睡觉了。这时，来来的爸爸妈妈主动请求参与"宫殿"的建设。来来很高兴地批准了。有了爸爸妈妈的帮助，"工程"进度明显加快了。恰巧第二天是休息日，爸爸妈妈带着来来又忙活了一整天，终于把"宫殿"建成了。完工后，爸爸妈妈特意和来来在"宫殿"前拍照留念，还买了饮料一起庆祝。这件事，在来来的脑海里留下了极深的印象。

来来在搭建"宫殿"时有些虎头蛇尾，刚开始很热衷，可不久就失去了热情，不想再坚持下去了。试想，如果来来的爸爸妈妈体谅儿子，心疼地对他说："要是实在不行，那就别坚持了。等以后再说吧。"那很可能来来以后就再也没有把它搭建起来的欲望了。这样，以后他遇到什么事情，可能也会只有三分钟热情，半途而废了。

孩子在学习生活中，总会遇到来自自身或外部的困难和阻碍。这个时候，妈妈要做的不是体谅，不是代劳，而是鼓励孩子不泄气，不放弃，坚持到底，让孩子在困难面前懂得坚持，并最终体验胜利带来的喜悦。那么，妈妈可以从哪些方面入手对孩子加以培养呢？

### 1. 让孩子明确活动的目的

孩子的坚持性与他们的自觉性直接相关。如果他们对活动的目的没有明确的认识，行动往往是即兴的、随意发生的。这样就很难产生克服困难、贯彻始终的坚持性。所以，为了让孩子能较长时间地从事一项活动，做到有始有终，妈妈要让孩子在活动前就明确活动的目的，同时鼓励他们努力坚持下去，将目标实现。

### 2. 让孩子独立活动

要尽可能地为孩子创造独立活动的环境，他们在活动的过程中需要克服种种困难，在克服困难的同时意志力也会得到增强。如果孩子遇到难题，妈妈也不必急着去帮助，应该先等一会儿，让孩子自己尝试着解决。当孩子战胜了困难，达到了目的，他们会体验到一种经过努力终于取得胜利的满足感。在这个过程中，他们克服困难的勇气和信心也随之增强。

# Part 05

# 合群的孩子，每天都会很快乐

# 走进幼儿园，走进交际圈

孩子的社会交往在他来到这个世界的那一刻就已经开始了，妈妈是孩子的第一个朋友。所以，当孩子进入了幼儿园，不需要家长的鼓励，他们自然就会有自己的朋友，建立自己的友谊。

大部分孩子在走进幼儿园前，并没有太固定的同龄玩伴，所以会有些孩子入园都好几个月了，还是孤独的样子，没有好朋友；而有的孩子没过多久就完全适应了。所以，让孩子更快地适应幼儿园生活、感受到幼儿园带给他的快乐，一个很有效的方法就是指导幼儿学会与人交往。

孩子学会和小朋友交往，才能体会到同伴交往的乐趣。孩子学会如何与老师交往和沟通，才能形成更好的师生互动。能够与小朋友、老师友好相处的孩子就会更喜欢幼儿园了。

孩子是在自由交往中获得交往能力和感知社会的，小朋友之间的交往是孩子在幼儿园生活中的一项重要内容，这能使孩子们获得与人交往的经验，所以，父母不妨从以下方面关注孩子的集体生活。

**1. 让孩子自由发展"社交圈"**

"和小哥哥一起玩吧！""过来一起做游戏。"很多爸爸妈妈经常这样招呼自己的孩子。是的，同龄孩子聚在一起，就会自然而然地形成一个小社会。有时候，不需要家长的特意指引，孩子也能自行发展自己的"社交圈"。

**2. 让孩子对老师有个良好的印象**

很多家长习惯用老师去吓唬孩子，比如，"你再不听话，我就告诉你的老师去！""我现在管不了你，等你上学了自然有老师管你！"……殊不知，这样的话很容易让孩子对老师产生一种莫名的恐惧，进而影响到他学习的积极性以及未来与老师的关系。因此，想要让孩子爱上集体生活，就应该多跟孩子说说老师的好，比如，"她可以教你很多知识的。""妈妈小时候，我的老师对我可好啦！"……

**3. 让孩子学会讲文明懂礼貌**

对于孩子来说，一入学就开始了集体生活。因此，让孩子在老师和同学面前留下一个好的印象，是帮助孩子建立和谐人际关系的重要前提。所以，家长应该培养孩子文明礼貌的行为习惯，比如，见了老师要问好、和同学玩闹时要团结等。

**4. 及时帮助孩子做好心理疏导**

刚刚入园时，孩子难免会出现情绪波动，家长应该及时帮孩子做好心理疏导，比如，孩子回家后，你可以问问他："今天认识新朋友了吗？""你的老师好不好啊？""你跟同学相处得怎样？"这类问题一出口，孩子自然要表达他的看法。如果孩子对集体生活表现出的是厌烦的情绪，那么父母应该好好开导，让他明白，进入一个新环境会学到更多的知识，也会认识更多的朋友。这样，孩子才能尽快走出负面情绪，适应集体生活。

# 允许孩子自私，教会孩子分享

朵儿 8 岁了，在妈妈眼里，她是一个贪心又吝啬的孩子。她经常毫无顾忌地拿他人的东西吃或玩，但是她的东西她却舍不得分享。

朵儿和小朋友一同出去玩，大家一同拿零食出来吃，朵儿吃他人的东西无所顾忌，但是轮到她拿东西出来吃的时候，她就会表现得犹疑又小气。就拿吃薯片来说，朵儿吃别人薯片的时候一抓一大摞，但假如别人吃她的薯片，她就会一丝不苟，每次只分给别人一片，假如别的小朋友多拿了几片，朵儿就会大叫着把多的薯片抢回来，或要挟多拿的小朋友："假如你不还回来，再也不给你吃了。"

朵儿和小朋友玩儿玩具也是一样。她玩别人的玩具无所顾忌，但是别人去她家，玩儿她的玩具，她经常是这个不能玩，那个不许碰。

朵儿这样的情况，就是因为朵儿的妈妈过于在乎孩子的行为，从她很小的时候，妈妈就开始"强迫"朵儿去分享。其实，家长过早地强迫孩子做出选择很容易造成孩子边界感缺失，朵儿并不是个自私的孩子，而是个边界感缺失的孩子。

可以说，天底下没有生来就自私的孩子，多是父母后天教养的结果。3岁之前孩子不懂分享，那是正常的，叫"自我"，不叫自私，这是由孩子们的发展阶段的特点决定的。他们只能从自己的角度看外部世界，而且通过对外部事物的"占有"，来确定自己的边界和在这个世界的位置。所以，父母应该多尊重孩子的意愿，给孩子足够的权利和自由。妈妈们可以这样帮助孩子。

### 1. 给孩子支配权

只要是孩子的东西，不论谁想玩，支配权都要由孩子掌控，任由他做主。即便别人征求你的意见，你也要明确说明："这个玩具是他的，你要问他同不同意哦！"给不给他人玩，让他人玩多久，玩的方式都让孩子去跟人商议，这样孩子才会真正了解支配权，才会从中体会到自我占有与分享的区别。

### 2. 教孩子征求别人意见

当孩子有了一定的支配权后，他对别人的物品产生兴趣时，妈妈可以引导孩子去征求别人的意见。孩子也会自觉地不随便拿别人的物品，懂得分享与自我占有的规矩。

但是，对于较小的孩子，一定不要过早让孩子学会分享。通常来说，孩子1岁时，是没有归属意识的；孩子2岁时，会出现物权敏感期，所以这一阶段，孩子的东西往往很难被要出来，他们不愿跟其他人分享，这个时期也不建议妈妈向孩子灌输分享思想；等到孩子3岁时，会逐渐愿意分享，这个时候，妈妈可以对孩子的行为加以引导，但不可以过分强迫孩子。

需要注意的是，无论孩子处于什么年龄段，都不要让孩子去跟他并不熟悉的人谈分享，这是对孩子身心健康的保护，也是对孩子行为意识的尊重。

每个人都有自己的心头爱，即便孩子很大了，也有不舍得分享的事物，这与自私和吝啬毫无关系，妈妈们要特别注意这一点，千万不要让孩子分享自己的心头爱。

# 把交朋友的自由还给孩子

生活中，我们常常能看到孩子在独自一个人游戏的时候一面做动作，一面念念有词地与假想中的伙伴对话，从孩子的这种举动中，就可以看出他们是多么渴望与伙伴交往和玩耍。这是孩子从两三岁起就产生的一种心理需要。在与伙伴的交往中，他们可以认识自己、了解他人；体验到各种快乐与苦恼；相互交流知识、经验和技能；学会分享、合作等良好的社会行为。而且良好的伙伴关系能够让孩子具有安全感和归属感，可以减轻孩子由于孤独而生出的焦虑和恐惧。而这一切都是孩子与家人交往无法获取的。

在鼓励孩子与伙伴交往的过程中，有以下两点问题是需要妈妈注意的。

## 1. 给孩子充分的交往自由

妈妈要充分尊重孩子，给他们自由选择小朋友的权利。妈妈要做的，只是在必要的情况下给予一些参考。

有些孩子喜欢和比自己大的孩子一起玩，有些孩子则相反。有的妈妈担心自己的孩子和大孩子一起玩会吃亏，就加以限制。但事实上，大多数的大孩子并不会真的蛮不讲理地欺负比自己小的孩子，无形当中，他们还会充当妈妈无法充当的指导者的角色。和比自己小一些的孩子在一起，孩子又可能学会照料别人。

还有些妈妈认为"聪明"就是学习好，希望孩子结交"聪明"的小朋友，也有意无意地给孩子灌输这样的思想。事实上，每个人都有自己的弱项和强项。即使孩子的小伙伴在某个方面不如他，但别人的长处仍是值得学习的，例如，待人有礼貌、能为别人着想等良好品质。

### 2. 尊重孩子的朋友

妈妈中午临时回家取文件，发现10岁的儿子李果正和两个朋友在家里"大吃大喝"，零食、水果、碗筷摆了一大桌。李果没想到妈妈会突然回来，忙站起来叫了声"妈"。妈妈没有应声，这时，李果的两个朋友也连忙站起来问好："阿姨，您回来啦！"妈妈还是一声没吭，径直走进书房，"砰"的一声关上门。李果的朋友见状，吓得连忙溜走了。当天晚上，李果回到家，晚饭也没吃就回自己的房间了，而且一连好几天都情绪低落，打不起精神来。

妈妈不尊重孩子的朋友，会让孩子的自尊心受到严重伤害。李果妈妈的做法不仅让李果感到对不起朋友、无颜面对他们，还会产生妈妈不给自己留面子、不尊重自己的想法。须知，妈妈尊重孩子的朋友，也就是尊重孩子本人，孩子能够从妈妈对待自己朋友的善意中得到欣慰和满足，也会得到朋友的认可和接纳。

有些妈妈表面上对孩子的朋友很客气，可是背地里却对孩子说："跟成绩这么差的孩子一起玩，怪不得你成绩越来越糟！""少让同学来家里，瞧他们把家里弄得这么乱！"这种做法不仅会伤害孩子与朋友的感情、伤害孩子的自尊，也会影响妈妈在孩子心中的形象，伤害到母子感情。所以，妈妈要真心诚意地对待孩子的朋友，而不是停留在表面上。

# 孩子与人起争执，不要急于插手

11 岁的蓉蓉今年刚刚升入四年级。上周三学校开运动会，班里一名过生日的女生带着蛋糕来到学校庆祝。看到过生日热闹，蓉蓉就与这名女生走得近了些，不想她的行为却遭到好朋友的一番指责。朋友认为，她是因为想吃东西，所以才去讨好过生日的同学。

蓉蓉感到非常委屈，立即哭着给妈妈打了电话。蓉蓉妈担心女儿受欺负，赶紧到学校把孩子接回了家。可刚到家，蓉蓉妈就接到了班主任老师的电话。老师说，应该让蓉蓉与同学好好沟通，过于保护孩子只会让她失去独立性。

听完老师的电话，蓉蓉妈不禁有些疑惑：难道自己插手孩子的事错了吗？

一般来说，孩子都非常"小心眼"，他们常常会因为一点小事就与同学闹矛盾，比如，同学不小心踩了他的脚啊，无意间碰了他一下啊，或者不经意间说出了他的缺点啊，等等。可是，孩子和同学闹矛盾，家长到底该不该插手呢？答案肯定是不该插手。因为每个孩子都会有自己独特的个性和一些小缺点，所以，孩子们在日常相处的过程中，产生一些小摩擦、小碰撞是难免的。家长如果介入到孩子与同学之间的矛盾中去，那孩子就会产生依赖性，以后只要遇到麻烦，就会立刻想到家长，这对孩子的人际交往是非常不利的。而且，家长的干预，只会让孩子越来越不受同学欢迎。但这并不是说家长就可以不闻不问、袖手旁观，因为家长的引导是必不可少的，建议做好以下几点。

### 1. 弄清事情的经过

当孩子与同学发生矛盾向家长求助时，家长应该冷静，尽可能从孩子的角度了解事情的始末，而不是不分青红皂白就去给孩子"撑腰"，或者不问缘由，就把责任全部归咎于自己的孩子。比如，你可以这样问："究竟发生了什么事啊？爸爸妈妈要知道事情的真相，才能发表意见。"有了这样的引导，孩子就会如实地将事实的经过讲清楚。

### 2. 引导孩子独立解决问题

弄清楚事情的始末后，家长不要急于发表意见，而应该和孩子一起分析事情发生的根源，并且引导孩子思考一下，对方为什么欺负自己？发生了这样的事情打算怎么解决？这既可以培养孩子独立处理问题的能力，又能了解孩子对待纠纷的真实态度，便于父母有针对性地进行教育。

### 3. 巧与对方父母沟通

如果孩子自己实在处理不了了，家长可以考虑与对方的父母进行沟通。但与对方父母沟通时，态度一定要诚恳、友好。因为孩子是最敏锐的观察者，父母的一言一行，孩子都会看在眼里，并且有样学样。但需要注意的是，家长千万不要直接去找与孩子发生矛盾的小朋友，因为这对解决问题没有任何帮助。

# 不要漠视孩子的攻击性行为

最近，小勇的妈妈很是烦恼。因为在一个月内，她已经接到了老师好几次"投诉"电话，说小勇在班上总是喜欢和同学打闹，有一次甚至还因此发生了"流血事件"。起初，小勇妈并没有把老师的"投诉"放在心上，她觉得小孩子间打打闹闹、偶尔磕了碰了都正常，没什么大惊小怪的，是老师多虑了。

可是，随着老师"投诉"次数的增多，小勇妈才意识到问题的严重性。特别是发生那次"流血事件"后，小勇妈狠狠地教训了儿子一顿。但她的教训似乎并没有让小勇有所收敛，相反，小勇打闹得更凶了，在班里动不动就打人、骂人、推人、踢人，有时候甚至还抢同学的东西。虽然小勇下手都不重，而且事后也都真诚地向同学道歉了，可如果一直这样下去，小勇会发展成什么样子，小勇妈简直不敢想……

孩子和同学打闹，本是一件再平常不过的事情，但如果像故事中的小勇那样，在打闹中出现打人、推人、踢人、抢东西等行为，则成了一种攻击性行为。心理学上将其称为儿童攻击性行为。

研究发现，儿童攻击性行为，在3~6岁的孩子身上是一个高峰，在10~11岁的孩子身上又是一个高峰。如果儿童攻击性行为延续至少年甚至成年，就会出现人际关系紧张、社交困难，甚至犯罪等问题。所以，当发现孩子爱和同学打闹时，家长一定要引起重视。如果孩子出现攻击性行为，则应该好好调教，建议做到以下几点。

### 1. 给孩子一个良好的成长环境

孩子发生儿童攻击性行为，与遗传、家庭和环境都有关系。家庭成员之间经常发生争吵、打闹、谩骂，以及经常被体罚，如被打屁股、打耳光的孩子，往往更容易出现儿童攻击性行为。此外，如果家长对孩子过分娇宠放纵，总是无条件地满足孩子的各种要求，使其养成为所欲为的习惯，也会导致孩子稍不如意就以攻击性的手段来发泄不满情绪。

所以，要避免孩子的攻击性行为，家长必须以身作则，不能在孩子面前讲有攻击性的语言，更不能有攻击性的行为。同时，要避免孩子接触暴力的环境，比如，玩暴力的电子游戏和玩具、看暴力的影视作品等。

### 2. 引导孩子反省自己的行为

当孩子出现过度打闹甚至攻击性行为时，家长要查明原因，及时处理，态度鲜明，让孩子认识到自己的行为是错的。比如，家长可以告诉孩子，打别人会带来什么样的后果，会让别人多痛苦，等等。同时，家长还可以引导孩子换位思考——如果你是被打的人，你将会有怎样的感觉和心情？只有这样，孩子才会去反省，进而意识到自己行为的错误，才会去改正。

### 3. 对孩子做冷处理

对一些比较容易冲动的孩子，家长还可以采取"冷处理"的方式，即在一段时间内不予理睬，以此来"惩罚"他的攻击性行为。比如，让他一个人在房间里反省，或暂时剥夺他参加某项活动的权利，直到他平静下来为止。使用这种方法的好处是，可以避免为孩子提供打骂的攻击性原型。但家长在使用这种方法时，一定要让他明白，为什么会被"冷处理"，同时要注意安全，时间也不宜过长。

### 4. 教孩子解决问题的方法

有些孩子之所以出现攻击性行为，是因为他们在与人发生冲突时，不知道怎么解决和跟人沟通。对于这种情况，家长不应该上来就呵斥、批评孩子，而应该教孩子用正确的方法解决问题，让他们学会通过正当渠道把自己的烦恼和愤怒宣泄出来。这样，孩子以后就不会再用打骂来解决问题了。

# 让害羞的孩子变得阳光开朗

　　很多孩子在见到外人后都会有些害羞的表现，但是在熟悉后，会完全放开。可是有些孩子两三岁了，依旧不喜欢跟任何外人接触，做什么事情都必须爸爸妈妈在身边，这样的孩子就有些过于害羞了。

　　橙橙马上3岁了，说话、唱歌、跳舞都可以，很活泼，就是人一多就很害羞，非常敏感，去上亲子课好长时间了，别的孩子都敢上台表演，她就是不上去，特别害羞，老师教的也不跟着学，回家什么也不会。

　　浩浩见到外人，就会躲在门后偷着看他们，被发现后笑笑就转身跑掉，自己玩游戏时还不忘时不时偷瞄。

　　孩子害羞属于正常现象，但到了两三岁后，还是表现得过于羞涩，那家长们就要注意了。因为害羞是使人偏于极端地关心别人对其看法的一种心理状态，如果孩子持续保持这种心理状态，对孩子今后的社交和成长都没有好处。

那么，该如何改善孩子害羞的心理呢？

让孩子参与社会交往。

现在人们的居住环境越来越好，人情味却越来越淡。封闭式的社交环境让孩子更加难以学会与人交往。

如果这种环境下的宝宝存在害羞心理，家长就要尽可能地多为孩子提供与人交往的机会。平日里，家长多带着孩子去外面走走，多接触那些热情开朗的人，鼓励孩子回答别人的问题；带孩子去商场买东西时，让孩子自己告诉售货员买什么东西，并向售货员道谢、告别等；鼓励孩子邀请小朋友来家中做客，在家接待小朋友。

孩子羞于表达自己，那就鼓励孩子去表达。每个孩子都有很多奇思妙想，可闷在肚子里与表达出来，对于孩子的成长效果却是截然相反的。不敢表达的孩子，在听到与自己相同的想法被肯定后，只会窃喜："我也是这么想的，看来我想得没错。"而敢于表达的孩子，在表达的同时还有可能迸发出新的思维火花："太好了，我的想法是对的。不过我还有过另外一种想法，你再听听看！"

当心里所想被表达出来时，思维会更加活跃，新的想法会在表达的过程中自然产生。而这些都是一些激励孩子与人沟通交流的神奇因素。所以，父母一定要深情地注视孩子，鼓励孩子表达，并及时表扬孩子的优点，使他们减少害羞心理，建立自信心。

父母们一定要舍得将孩子"送出去"，让孩子参加各种集体活动，在群体活动中，孩子会找到自己的榜样，然后模仿、尝试。这样，孩子也会不再将大部分的精力放在父母身上，而是更加渴望参与到活动中。

# Part 06

所有美好的品格，孩子都能受用一生

# 答应孩子的事不要一再爽约

说好带孩子去博物馆，却因为要加班而"爽约"；说好给孩子买漫画书，后来却以看书影响视力为由不给孩子买；说好带孩子去吃肯德基，却因孩子咳嗽不带孩子去……生活中，由于各种各样的原因，家长往往很容易对孩子说话不算数。

在他们看来，为了安抚孩子一时的情绪，可以随口许下诺言，事后完全可以不认账或者大打折扣、无限期拖延，因为小孩子年纪小，不懂事，没心没肺，根本不会将父母说过的话放在心上。但事实并非如此。心理学家发现，只要是孩子喜欢的东西，无论是电视节目、书本、玩具，还是父母的郊游承诺，孩子起码可以牢记半年以上。这也就难怪当父母早已把与孩子的约定，如"一起去动物园"抛到九霄云外时，孩子还会焦躁地问："我们到底什么时候去动物园啊？"

对孩子许诺，不应该是父母用来解除危机、阻止孩子捣蛋行为的"急救药"，或是随口拿来哄他取乐的玩笑话。或许家长只是很单纯地"说着玩玩"，但孩子可不这么认为，他认为父母是绝对"诚实"的。可当父母总是不守信用，总是对孩子说话不算数，或者轻易改变自己的言行，随便放弃或更改对孩子的承诺的时候，孩子自然会对父母失望，继而失去对父母的信任，有的孩子也会开始胡乱许诺。

一位中学生在给心理咨询专家的信中，就曾这样写道：

我妈妈总是出尔反尔。有一次，我平时最拿手的英语没考好，就骗妈妈说成绩还没出来。后来她得知成绩已经公布了，就追问我怎么回事。我坚决不肯告诉她分数。妈妈许诺说，即使考得不好，也不责怪我。有了她的保证，我把自己的分数告诉了她，没想到妈妈的脸色立即"晴转阴"，严厉地责备我。后来妈妈总是告诫我，考试后一定要把成绩告诉她，不要瞒她，但我已经不信任她了，没必要和她说实话。

中国青少年研究中心的一项全国调查表明，中小学生最不满意父母的12种行为中，"说话不算数"占 43.6%，排在第一位。由此可见，孩子对父母缺乏诚信非常反感。如果让孩子觉得连自己的父母都不值得信任了，那么会给孩子带来巨大的心理危机，由此引发的对父母权威性的挑战几乎是颠覆性的。

父母的行为是孩子学习模仿的对象。若父母言而无信，就很难要求和指望孩子说话算数，只要父母无法完全监控，孩子就随时存在失信的可能。因此哪怕承诺的是一件很小的事情，父母也要认真去做，不能认为事小而忽略不做。

为了避免对孩子造成伤害，父母在开口答应孩子的请求前，请先想想："这件事我能做到吗？"做不到的千万不能答应。一旦承诺了，就要认真履行诺言。如果确实有不得已的原因，答应孩子的事情真的兑现不了，父母应及时向孩子解释原因，讲清道理，如有必要还应直接向孩子道歉，并做自我批评，让孩子从内心理解和原谅父母。

# 跟孩子谈谈说话的规矩

　　在涛涛妈眼里，涛涛一直是个乖巧懂事的孩子。可是最近她突然发现，乖巧懂事的涛涛居然学会了说脏话，诸如"蠢猪""滚蛋"这样的词汇几乎是脱口而出，对此，涛涛妈很是反感，可是说了几次都无效。

　　这天下午，涛涛妈带涛涛去参加朋友聚会，一个朋友见涛涛长得乖巧可爱，就对正在玩飞机的涛涛说："小朋友，你好厉害啊，把飞机玩得这么好，能教我玩吗？"涛涛爽快地答应了。然而，就在涛涛妈的朋友假装"屡教不懂"时，涛涛突然爆起了粗口："靠，你怎么这么笨，不教了，烦死了！"闻言，那位朋友脸上的表情瞬间僵住了，几秒钟后，才讪笑着找借口走开了。

　　虽然朋友没有计较，但这让涛涛妈非常尴尬，她站在那，真想狠狠地训斥一下自己的儿子，可是又碍于有外人在场，最后只好无关痛痒地说了儿子几句……

　　孩子变得没礼貌，爱说脏话、谎话、伤人的话，与孩子接触的环境、平时看的动画片还有更多地接触网络有很大关系，但是外在环境是很难改变的，所以家长必须给孩子立一些说话的规矩。那么，哪些话是家长应该明令禁止的呢？总结起来，主要有以下几种。

**1. 脏话**

很多孩子到了一定年龄，会突然像故事中的涛涛一样，变得特别爱说脏话。这时候，家长一定要重视起来。

对于"靠""滚""蠢猪"等不雅词汇，家长应明令禁止，孩子说一回，家长要教育一回，绝不能姑息。当孩子与他人之间出现摩擦时，要教孩子以平和的心态面对，让孩子学会原谅他人的过失，宽以待人。此外，可以让孩子多多阅读，扩大词汇量，假以时日，孩子说脏话的频率就会逐渐降低，直到消失……

**2. 谎话**

大多数家长在教育孩子的过程中都会遇到孩子说谎的问题。面对孩子的这种行为，家长们常常束手无策。其实，只要家长在发现孩子说谎时明令禁止，孩子还是会有很大改变的。

同时，家长还要多给孩子灌输一些诚信的思想，比如，给孩子讲讲诚信的重要性，让孩子阅读一些讲诚信的书籍，让孩子知道一些伟人诚信的故事。

**3. 没大没小的话**

孩子说话没大没小，给人留下的直接印象就是没礼貌、不可爱。所以，家长一旦发现孩子说话没大没小，就要及时纠正，首先，要让孩子知道哪些话是不能对长辈说的，比如，直呼其名、对长辈呼来喝去等，都应该是明令禁止的；其次，要做出榜样，平时对长辈要尊重，多用礼貌用语，这样，孩子就会有样学样，变得越来越有礼貌了。

**4. 顶撞的话**

爱顶嘴是孩子成长过程中必须经历的阶段，家长在针对这个问题定规矩时，一定要态度坚决，还要懂得坚持，因为有很多孩子顶撞家长，其实是在试探家长的底线——他们想知道顶撞家长时，家长会有什么样的反应。对于这类孩子，家长一定要将规矩执行到底，让他们知道，挑衅式的顶嘴，是绝不会被允许的。

### 5. 伤人的话

很多孩子说话不经大脑，结果不经意间就伤害到了别人，比如，一家人出去逛街，突然看见一个残疾人，这时候孩子指着人家说："妈妈，你看那有个瘸子！"所以，家长也必须禁止孩子说揭人伤疤的话。

家长在禁止孩子说这些话时，一方面要明确告诉孩子，哪些话说出来可能会伤到别人，另一方面还要引导孩子学会换位思考，让他想想，如果别人指着他的某种缺陷大声说出来，他会是什么感觉。这样，孩子自然就不会那么口无遮拦了。

# 带孩子适应社会，建立秩序感

　　每次小野妈出门，都不愿意带着8岁的小野。因为小野一出去就跟脱了缰的野马一样，不是扯着嗓子大喊大叫，就是乱折花草，排队等个车吧，也不能规规矩矩地，总是一见车来，就立马挤到前面去。虽然大家都不愿跟个小孩子计较，但心中难免会嘀咕，觉得这孩子没家教。所以，小野妈是能不带他出门，就不带他出门。但是，有些时候带他出门又是不可避免的，比如一家人出去吃饭。

　　这天，小野的奶奶过生日，一家人便决定出去庆祝一下。考虑到老人好静，所以小野爸找了一家环境优雅的西式餐厅。餐厅里很安静，播放着舒缓的轻音乐，让人一走进来就会觉得心情舒畅。然而，兴奋的小野却不合时宜地尖叫起来，惹得周围吃饭的人纷纷侧目。后来，在爸妈的小声训斥下，小野才终于安静下来。可是刚消停没一会儿，小野又被餐厅里用于装饰的玫瑰花吸引了，他也没有寻求谁的同意，就取了一朵回来，还兴冲冲地说是送给奶奶的生日礼物。这一下，让小野的爸妈都非常尴尬，面对孩子的一片童心，他们说也不是，不说也不是……

生活中，像小野这样的孩子并不少见。对于这样的孩子，说得好听点，是顽皮，说得难听点，就是没家教，不懂规矩。那么，孩子变成这样，到底孰之过？当然是父母！所以，家长们一定要重视起来，给孩子立一些规矩。要知道，正处于塑型期的孩子，很多东西还没有成型，他要怎么成长，完全看你怎么引导。那么，家长在教育孩子哪些事不能做时，重点应该涉及哪些方面呢？

### 1. 不能在公共场所大喊大叫

家长在给孩子立规矩时，第一条就应该是在公共场所要保持安静，不能大喊大叫。家长最好结合具体情境随时进行教育，比如，带孩子去图书馆看书时，你可以先叮嘱孩子："宝贝儿，一会儿进了图书馆，一定要保持安静哦，因为大家都在学习，不喜欢被打扰。"只要坚持随时随地给孩子灌输这种思想，慢慢地，孩子到了公共场所自然就安静了。

### 2. 不能乱扔垃圾

家长应教育孩子从小就养成不乱扔垃圾的习惯。告诉孩子，无论是在家里、学校，还是其他公共场所，用过的纸巾、食品塑料袋等垃圾，都必须扔进垃圾箱。如果发现孩子有乱扔垃圾的行为，家长应及时制止，并进行适当的教育，让孩子知道乱扔垃圾的危害。

### 3. 不能随便插队

如今，无论是搭乘公交车，还是去游乐场玩，甚至上厕所，可能都需要排队，所以，排队是孩子必须学会和遵守的一个社会法则。但是，很多孩子到了公共场合很难按照规则去等待，他们最常见的做法就是插队。对于这一点，家长既要引导孩子学会等待，又要让孩子看到随便插队的后果，比如，当看到很多人插队时，家长可以让孩子自己观察，看是不是大家乱作一团，争吵不断，然后拿这些人当反面例子，教育孩子插队的后果。这样慢慢地，孩子就会耐心去排队而不是插队了。

### 4. 不能随意破坏花草树木

爱护花草树木是每一个人都应该有的社会公德。所以，家长给孩子立规矩时，这一点也不能忽视。对于那些不懂得爱护花草树木的孩子，家长应该对孩子的行为做出明确规定，比如，规定孩子不能践踏小草，不能采摘花朵，不能在树干上乱刻乱划等。同时，家长还可以将花草树木"拟人化"，讲一讲它们被采摘、践踏时的"感受"，让孩子对花草树木产生移情心理，从而产生爱护之心，使之爱护花草树木就像爱护自己一样。

# 告诉孩子，拿别人的东西要得到允许

这天，小欢一家人刚吃过晚饭，门铃就响了。爸爸打开门，看到门外站着一对母女，女孩跟自己家的小欢差不多年纪。只见那位母亲问道："请问，这是林欢的家吗？"爸爸点点头。那位母亲不好意思地说道："不好意思，打扰了，这是我女儿周畅，是林欢的同学，那您应该就是林欢的父亲了。"爸爸闻言，一边点头问好，一边将这对母女让进了屋。

小欢听见动静，就从卧室跑出来看，一见是自己的同学周畅，便立马心虚地想要溜走。谁知，却被爸爸一把拉住："同学来了，你跑什么，是不是做错事了？"

这时候，那位小女孩开口了："她拿了我心爱的卷笔刀，那是爸爸送给我的……"

"那个卷笔刀，是她爸爸去年送给小畅的生日礼物。但是，小畅生日没过多久，她爸爸就因车祸去世了。所以小畅对这个礼物格外珍爱，一直都没舍得用，直到昨天才拿出来……真是不好意思，本来孩子之间的事情，我们大人不该参与的，但是今天看到女儿回去后哭得那么伤心，我只好带她过来……"

听明白了事情的原委，小欢爸爸一边跟人家赔礼道歉，一边让小欢把卷笔刀还给了小畅。待那对母女离开后，他狠狠地批评了小欢，小欢也意识到了自己的错误，所以向爸爸保证，以后再也不乱拿别人东西了。

孩子与人交往的过程，也是他自身成长的过程。如果家长不给予适当的引导，那孩子在与人交往时很容易会做出一些没教养的事情，比如故事中的小欢，就在没被允许的情况下拿了同学的东西。在孩子眼里，这可能只是一件无足轻重的小事，但是，它很容易遭人反感，不但会给别人留下没家教的坏印象，还会影响孩子之间的友谊。

所以，家长一定要给孩子灌输一个思想，拿人东西，一定要经过对方的允许，否则绝不能随便拿。与此同时，家长要注意培养孩子的物权意识，让他明白，属于自己的东西，别人是没有私自占有的权利的，同理，属于别人的东西，他也没权利私自占有。只有这样，孩子才不会想着把什么都占为己有。

还有些孩子特别喜欢跟人要东西，看见别人手里拎着橘子，他就想要一个，看见邻居家小孩有很多玩具，也想要一个……孩子的这种行为虽然可以理解，但却很招人厌。所以，如果孩子在与人交往的过程中出现这种行为，家长绝不能姑息，一定要严厉制止，让他知道，除了父母，别人的东西都不能随便索要，因为那会伤害到对方的利益，也会给人留下不礼貌的印象。同时，家长还可以对孩子进行适当惩罚，比如，一周不能吃零食，答应要买的玩具取消，等等。这样才会起到震慑作用。

人非圣贤，孰能无过？家长要做的是及时发现孩子的过错，并且让孩子去承认错误。家长要让孩子明白，做错事后真诚地向别人道歉，不但是每个人都应该学习的礼节，也是人际交往中挽回过错的最直接也是最有效的方法。

# 给孩子心中播下博爱的种子

一位母亲和一个五六岁的女孩走进一家快餐店。她们坐下来点菜时，从门外走进来一个人。这个人之所以能引起她们的注意，是因为他有些特别。他穿着一件很破的上衣，微驼着背，缓慢地走到一张又一张还没来得及收拾的餐桌前，仔细地检查每个盒子，寻找别人吃剩的食物。

当他拿起一根炸薯条放到嘴里时，女孩对母亲耳语道："妈妈你看，那个人在吃别人吃剩的东西。"

"他饿了，可是没有钱买吃的。"母亲低声对女孩说。

"那我们能给他买一个汉堡包吗？"

"我想他只吃别人不要的东西。"

这时，服务员给母女二人送来她们点的外卖食品。女孩突然从餐袋里拿出一个汉堡包，咬了一小口，然后跑到那个人坐的地方，把它放在他面前的餐桌上。

这个乞丐很惊讶，感激地看着女孩转身和母亲一同离开。

一个汉堡包并不值多少钱，但女孩咬了一小口，然后送给了乞丐，这个汉堡包就是无价的了。它的无价之处在于，里面藏了女孩的一颗爱心，一颗善良的种子。

对于孩子的个性发展而言，没有比爱和善良更重要的了，这是他们将来能够亲和社会的基础和前提。对于孩子，妈妈不但要为他们创设一个被爱的环境，更重要的是要让他们学会如何去爱别人。

生活中有许多琐碎的小事，看起来微不足道，却会对孩子的成长产生重要的影响。妈妈应从身边的一点一滴做起，不失时机地教育孩子。比如，在家里，妈妈可以让孩子倒杯水给满头大汗的快递员叔叔；在公共汽车上，妈妈可以对孩子说"你看，那个阿姨抱着小妹妹多累呀，我们把位置让给她们吧"；新闻报道里有需要资助的人，妈妈可以带孩子一起去捐款，献上一份爱心。妈妈要用这些日常生活中我们可以做到的小事来熏陶孩子，让他学会用行动关爱他人。

对于性格较冷的孩子来说，可以对其进行移情训练。比如，让孩子把自己痛苦时的感受与别人在同样情境下的体验加以对比，体会别人的心情，让孩子学会理解别人，激发孩子的爱心。


大力是个有些大大咧咧的男孩子，不太懂得关心小伙伴。

一天，小军跑步摔倒了，他却站在一旁哈哈大笑。妈妈看到了，问他为什么不扶小军起来。他竟然若无其事地说："关我什么事？又不是我让他摔跤的。"妈妈决定改改大力这个毛病。

没过几天，大力也摔了一跤，把膝盖磕破了。他委屈地告诉了妈妈。妈妈故意轻描淡写地对他说："你自己去社区医院上药。"大力哀求妈妈："妈妈背我去吧。"妈妈毫不心软地回敬他："关我什么事？又不是我让你摔跤的。"大力伤心地哭了。这时，妈妈适时地教育他："受人奚落的滋味好受吗？"大力摇摇头。

从这以后，大力逐渐变得懂事起来：哪个小伙伴生病了，他会带着新买的玩具去看他；见到大孩子欺负小孩子，他会主动站出来讲道理。大力的善解人意让小伙伴们感觉到安全和快乐，大家都愿意追随他。

当孩子对周围的人和事比较冷漠的时候，妈妈一定要引起注意，及时地引导他们。大力的妈妈就是个有心人。

妈妈还可以让孩子把关爱的情绪扩展到人以外的事物上。比如，在家里养些猫、狗、金鱼之类的小动物，或是种几盆花草，让孩子负责照顾，在这个过程中注意激发孩子的爱心，让他们学会体贴入微地关爱生命。

# 不要夸赞孩子的外表，要夸赞行为

一位女士去外国朋友家做客。见到朋友长得非常漂亮的小女儿，她禁不住夸奖道："多么漂亮的孩子呀，实在是太可爱了！"朋友听了，当时并没有说什么。等女儿离开后，她严肃郑重地对这位女士说："你伤害了我的女儿，应该向她道歉。"

这位女士大惊："我怎么会伤害她呢，我刚刚才赞美了她！"

朋友摇了摇头："问题就出在这里。你称赞她的外表，而外表是父母给予的，与她本人的努力毫无关系。可是现在她还很小，不会分辨，你的夸奖会让她误以为这是她的本领，容易把天生的容貌当作值得骄傲的资本。这会影响到她对自己的判断。而她刚刚和你打招呼，递给你水果，这是她自己的行为。你可以为此而夸奖她的礼貌。"于是，这位女士正式地向小女孩道了歉，同时称赞她有礼貌。

生活中，看到孩子漂亮、可爱，人们会不自觉地去夸奖孩子，"你真可爱，长得真漂亮"。然而这个故事却让人反思。很多人在夸奖孩子的时候，并没有把先天的优势和后天的努力区分开，认为只要给孩子称赞就是鼓励孩子的一种方式。殊不知，外表漂亮是父母给的，不是孩子用自己的劳动或努力换来的，根本不值得炫耀。

漂亮是一种个人资源，从大人到小孩，都会为自己拥有这一资源而自信和自豪，所以，女孩子都乐意别人夸自己漂亮，男孩子都乐意别人夸自己帅。然而如果一味夸奖孩子长得漂亮，可能给孩子的成长造成认识的误区，因为这样做是在变相地向孩子灌输这样的思想：长相是一生中最重要的东西，自己是因为漂亮才讨人喜欢的。时间久了，会导致孩子过于注重自己的外表，注重穿衣打扮，而轻视个人美好品质的塑造。很显然，没有哪个父母希望自己的孩子将来仅凭长相生存，因为那是非常危险的。

楚楚自小长得漂亮可爱，长辈们见了总忍不住夸几句。上了幼儿园，她对穿着打扮越来越在意，每天都吵着要穿花裙子、戴漂亮的蝴蝶结；有时，还对着镜子摆半天姿势。爸爸妈妈看在眼里、急在心里，这么小就爱打扮了，将来可怎么得了？

楚楚会有如此表现，正是长辈们夸奖不当导致的。所以，家长要注意，不要让自己或他人对孩子容貌的过度夸奖助长了孩子的虚荣心，使他放松对自我的严格要求，忽略自己内在品质的修养。与其夸孩子漂亮，不如赞赏他们的美好品质，例如，称赞他们有爱心，懂得帮助别人；称赞他们勇于承担责任；等等。因为这些美好的品质是孩子后天努力得来的，应该予以肯定。

请记住，孩子长得如何不能决定孩子以后生活得怎样，大多数情况下，情感、意志和性格等方面的品质往往会对孩子的生活、工作和前途产生举足轻重，甚至决定性的影响。身为家长，在夸奖孩子时应引导孩子努力养成良好的思想品质和意志品质，从而帮助孩子到达成功的彼岸。

# 夸孩子努力，别夸孩子聪明

生活中，除了"真可爱""真漂亮"之外，"真聪明"也是很多家长夸奖孩子的口头禅。因为"聪明"这个词用起来最简单，也最直接。殊不知，反复对孩子的聪明意识加以强化，尤其对于那些性格外向且很爱表现自己的孩子来说，很容易让孩子因自恃聪明而变得任性、唯我独尊。

小博是个爱动脑思考问题、喜欢动手钻研的男孩，时不时会搞一些小发明、小创造，然后向家人演示一番。家人自然很高兴，总是会表扬几句。亲戚朋友来家里串门，也都称赞他："小博真是聪明！长大准能做个科学家！"

渐渐地，小博的"聪明后遗症"就显现出来了。家人越来越多地听到他说的一句话就是："某某同学笨得像头猪，一道简单的数学题都做不出来。老师讲得太简单了，我不听都会。"同时，他又开始把更多的聪明才智放在了投机取巧上，有时一天就能弄出十几个华而不实的"发明"，只为在家人和同学面前卖弄。

　　表扬的话听得太多，孩子会总结出"聪明可以博得大家喜爱"的规律，于是，瞧不起同学、不能踏实地学习、喜欢炫耀自己的小聪明等坏行为也就接踵而来。其实，出现这样的问题，责任不在孩子，而在家长。孩子最初的目的也并不是借此博得家长的称赞。但当家长曲解了孩子的本意，他们的思维就误入歧途了。

　　**美国教育学家曾做过一项实验。研究人员先是让幼儿园的孩子解决了一些难题，接着，反复对其中的一半孩子说："你们很聪明，答对了8道题。"又反复对另一半孩子说："你们很努力，答对了8道题。"然后，给所有孩子提供了两种任务供他们选择：一种是有把握能够做得非常好的；另一种是可能会出一些差错，但最终能学到新东西的。结果被夸聪明的孩子有2/3选择了容易完成的任务，而被夸努力的孩子有90%选择了具有挑战性的任务。**

　　为什么会出现这种差异呢？难道只是夸奖的语言不同，就会对孩子形成截然不同的影响吗？其实，这与孩子的心理有关。

　　儿童心理学研究表明，小孩子都喜欢被夸奖，受过一次夸奖就会期待还有下一次。经常被夸奖聪明的孩子，为了保住自己聪明的光环，就会有两种举动：一种是用耍小聪明的方式来进一步显示自己的聪明，而这会导致他做事不够用心，不能脚踏实地；另一种是不敢尝试和挑战难题，因为他们担心如果自己做不到的话，会有损自己聪明的形象。在这两种心理的作用下，久而久之，他们会变得不爱开动脑筋，思维也会变得越来越缓慢。而这又会导致孩子感觉自己变得越来越笨，因此不敢面对困难；或者变得很脆弱，一旦失败就很难再振作。

　　正所谓"小时了了，大未必佳"，孩子在小时候表现得很聪明，长大后却碌碌无为，多是受了"聪明之害"，所以家长一定要选择有益的词汇评价孩子。

# 每个孩子都可以参与做家务

孩子往往在很小的时候就有了自己动手的欲望：看到爸爸修理灯具，他想帮着拿工具；看到妈妈叠衣服，他也想搭把手。但此时，他们听到的往往是"你还小，现在还做不了"，或者是"你只要好好学习就行了，这些不用你管"。正是很多家长的这种错误态度将孩子动手的欲望慢慢扼杀了。要知道，现在不让孩子做、不让孩子学，等长大了，他们就什么都不会做，也懒得去做，因为他们头脑中爸爸妈妈会为自己安排好一切的想法已经根深蒂固。这样的孩子长大后能否成为称职的丈夫、父亲或是妻子、母亲尚且不论，能不能照顾好自己都是个问题。

事实上，妈妈应该让孩子从小参与家务劳动，这样才更容易让孩子养成热爱劳动的习惯，并使孩子把做家务视为理所应当的事情，而不是分外之事。对于孩子来说，适度的家务劳动不仅可以增强体质，还能磨炼心性，懂得"一粥一饭，当思来之不易"的道理。这会让他们更加认真地对待别人的劳动成果，在以后的工作和学习中也会更加成熟。

一天，一对日本夫妇带着他们的一双儿女敲开了邻居家的房门。原来，他们刚搬到中国不久，今天特意带着孩子们做的料理前来拜访。

邻居看到食盒里色、香、味俱全的饭菜，感到十分惊奇。要知道，女孩才刚刚 5 周岁，而男孩只有 2 岁半。交谈中，他了解到，在这对夫妇看来，吃饭是人类最基本的生存需要，如果孩子连饭菜都不会做，那就谈不上什么独立生存了。

孩子的妈妈讲述了女儿 2 岁时刚学做菜的趣事。那时，她还够不到砧板。妈妈让她自己想办法。她就搬来了家里的小凳子，站在小凳子上切菜。可又感觉不太稳固，她干脆把砧板搬到了地上，蹲在地上切起菜来。"孩子这么小就开始接触刀和火，你们不怕他们会有危险吗？"邻居问了一个困扰自己的问题。

"当然不会啊，"孩子的妈妈解释说，"只要教给他们正确的使用方法，就不会有危险。而且，刚开始的时候会有大人在旁边照顾，即使有危险，也等于是让他们多掌握了一条生活经验。"

接着，孩子的妈妈又解释了让孩子从小学习烹饪有哪些好处：可以让孩子掌握基本的生活技能，让孩子学会在厨房里如何保护自己，通过了解各种味道有利于孩子五觉的开发，还能帮助孩子了解动植物的知识等。

"最重要的是，"孩子的妈妈强调了一点，"烹饪培养了孩子做事细心、吃苦耐劳的品质和完美主义精神。因为烹饪需要选料、摘洗、切煮、看火候等，不够细心和耐心的话，是做不出美味佳肴的；而无论冬夏，面对炎热的炉火，都不是件特别愉快的事，这就需要吃苦精神；如果菜做得不好，就不受欢迎，所以孩子会要求自己反复尝试、精益求精……"

这位日本妈妈的话值得很多妈妈反思：是否应该让自己的孩子尝试着参与他们避之不及的家务劳动，让他们不沾阳春水的双手开始触摸一些生活的味道？

家长可以和孩子一起制订一个家务计划表。这个家务计划表的内容要尽可能地详细，包括完成任务的项目、频率、所需时间和要求达到的标准等。家务计划表做好后，妈妈可以让孩子将它贴在家中大家都能看到的地方。需要注意的是，制订的家务计划要适合孩子的年龄，要留给孩子充分的自由。任务太多，孩子很难全部圆满完成，会打消他的积极性；任务太少，很难对孩子产生有益的影响，达不到理想效果。需要时，不妨每隔一段时间对家务计划进行一次适度的调整。

对于比较懒散的孩子，家长可以安排一些可以和孩子一起做的家务。和孩子一起做家务，既能增进亲子关系，也能让孩子在劳动中学会如何与人合作。合作中，妈妈一定要保持耐心，要知道，合作的目标不仅仅是成功地完成任务，还要培养大人和孩子之间良好的伙伴关系。

# 早点给孩子灌输纪律观念

亮亮是个非常活泼、喜欢讲话的男孩。平时上课的时候，他总是一会儿和这个说两句，一会儿找那个说两句。老师提醒多次，要他注意课堂纪律，可他往往只能坚持三分钟，就又开始不停地说了。有时候老师在黑板上讲题，如果正好亮亮会做，他就立刻插嘴，老师说一句，他就跟着说一句。

屡教不改之后，老师把这个情况反映给了亮亮妈。亮亮妈也很无奈，因为没有谁比她更清楚自己的这个儿子了：由于家里人的溺爱，她这个儿子是天不怕地不怕，根本不会顾及别人的感受，更别说纪律观念了。亮亮妈是不赞同打骂教育的，但对于如何树立起孩子的纪律意识，她又毫无头绪……

对于孩子而言，主动遵守纪律是一种重要的能力，是孩子成长的重要组成部分，也是将来他们能适应社会的重要素质。所以，当家长发现孩子不遵守纪律时，绝不能袖手旁观，一定要重视起来。那么，作为家长，应该如何来培养孩子的纪律观念呢？

### 1. 根据孩子的特点制定相应规则

对于不守纪律的孩子，家长可以根据孩子的年龄和特点来制定相应的规则，让孩子学着去遵守，以此来培养孩子的纪律观念。比如，对于爱吃糖的小孩子，你可以规定他一天只能吃一颗糖；再比如，对于爱看电视的孩子，你可以规定他一天只能看 30 分钟动画片，等等。这样时间长了，孩子自然就有纪律观念了。

当孩子大一些之后，家长在制定家庭规则时，可以让孩子也参与进来，比如，家务分工、家庭作息时间、奖惩规则，等等。这样，孩子会觉得他不是在被迫执行某项规则，因此也不会有太多的抵触情绪。而且如果孩子违背了规则，他心里首先就会觉得是自己没有遵守约定，在这样的心理状态下，纪律观念很快就会在他的心中树立起来。当然，家庭规则一旦制定，全家人就要共同遵守。否则，孩子就有可能会失去认同感，进而对所谓的"规则"产生怀疑和叛逆心理，这样就事与愿违了。

### 2. 多让孩子参加群体活动

对于不守纪律的孩子，家长可以多让他参加一些群体活动。因为任何群体活动都是有群体规范的，如果孩子活动中不遵守这种规范，就会被排斥、收获不到大家的喜爱，这时候，他就会明白遵守纪律的重要性，从而变成一个有纪律观念的孩子。

需要注意的是，当孩子出现了不守纪律的情况时，家长千万不要马上对孩子进行严厉的批评，迫使孩子按规矩来，而应该先弄明白孩子为什么不守纪律，再让孩子明白，不守纪律的行为会给集体和自己带来怎样的影响。

最后需要说明一点，孩子要守的纪律，是对于事情客观规律的一种遵从，而不是对所有事情的完全顺从。因此，家长在引导孩子树立纪律观念之前，首先要教会孩子做自己的主人，只有这样，孩子才能养成一种健康的纪律观念，而不是只会遵从别人意志、没有任何主见的傻子。

# 孩子的拖延症，越早戒掉越好

小宇是个做事特别拖拉的孩子，他经常说的一句话就是："明天再说吧！"比如，晚上回到家吃完饭该写作业了，他肯定要先看会儿电视或玩会儿游戏，等他想起写作业时，时间已经很晚了，结果要么作业完不成，要么就干脆没做，这时候，他总是这样安慰自己："今天做不完了，明天再说吧！"

在学校里，小宇同样喜欢把事情往后推。比如自习课上，别人都做习题，他却在那读课外读物，还拍着胸脯对老师说："我回家后会把作业写完的！"可等放学后，就又重复起了"明天再说吧"的恶习。

就这样，就算再简单的作业，小宇也是上午推下午，下午推晚上，晚上推明天……所以，小宇自从上了小学后，学习成绩便一直排在班级的最后几名……

有的孩子总喜欢把"明天再说吧"挂在嘴边，甚至像故事中的小宇一样，直接把今天的事情推到明天，明天的事情推到后天。做事拖拉不仅会影响孩子的学习，还容易让孩子变得整日无精打采，对什么都提不起兴趣。那么，为什么很多孩子，尤其是小学生都喜欢把今天的事推到明天去做呢？这跟孩子的性格有关吗？

其实，孩子做事拖拉，并不是天性使然，而是家长没有从小给孩子树立时间观念。因此，家长应该及早让孩子明白"今日事，今日毕"的重要性。那么，如何才能让孩子戒掉拖延症，明确时间观念呢？建议做到以下几点。

### 1. 让孩子了解时间

家长们可以试试"一分钟专项训练"，即让孩子感知一分钟到底能做多少事情。比如，你可以准备几道难度适中的算术题，让孩子试试一分钟能做多少道；或者给孩子选几个笔画差不多的字，看他一分钟能写多少个。这样的训练，能让孩子明白一分钟到底能做多少事，只有这样，他才会对时间有一个明确的概念，进而对自己以前的拖拉做出反思。对时间有概念了，孩子也就不会再像以前那样浪费时间了，更不会再把今天的任务拖到明天去做，因为此时的他们，一想到浪费时间就会有负罪感。

### 2. 送孩子一块手表

大多数孩子入学后就会认表了，这时，家长不妨送他们一块手表当礼物。因为对于小学阶段的孩子来说，手表除了指示时间外，还扮演着非常重要的角色——提醒器。

年龄尚小的孩子都有一个共同点，就是一玩起来就会忘记一切：忘记预习、忘记背诵、忘记写作业……但如果有一块手表，情况就可能会大不相同：7点时，他们可能还在心安理得地玩游戏，但到了8点时，他们可能就会生出紧迫感——如果再玩一会儿，写完作业后会是几点呢？就这样，在手表时间的不断提示下，他们很快就会放弃玩耍。

### 3. 制定一定的奖惩制度

家长要给孩子点压力，让他明白，"今日事，今日毕"绝不是嘴上说说那么简单。而给孩子压力最好的办法就是制定一定的奖惩制度，比如，这件事没有在规定的时间内完成，就要给孩子一定的惩罚；如果孩子在规定时间内完成了这件事，就要给予一定的奖励，等等。

### 4. 家长要做出好榜样

家长对待时间的态度，也会影响孩子对待时间的态度。所以，要想让孩子养成"今日事，今日毕"的好习惯，家长要做出榜样，只有这样，在让孩子遵守规则的时候才会有说服力。

# 别给孩子破坏规矩的特权

我们常说"王子犯法与庶民同罪""法律面前人人平等"，其实，规矩面前，也要人人平等。一旦定下规矩，不管是父母还是孩子，大家都要严格遵守，不能随意通融和打破。家长必须让孩子明白这一点，这样才能让孩子正确理解规矩，正确对待规矩，进而自觉地遵守规矩。

老孙的儿子叫朗朗，今年上幼儿园中班。朗朗有一个同学叫蒙蒙，她家就在朗朗家隔壁，因此他们两人的关系非常要好。周末的一天下午，蒙蒙又来找朗朗玩，朗朗的表姐静静也在。三个孩子在一起玩得可开心了。

玩着玩着，蒙蒙突然看到朗朗家客厅的电视机上放着一个透明糖盒，里面有好多五颜六色的圆形糖果。于是，她开口问老孙能不能让她吃几块。老孙爽快地答应了她，但提出只能给她两块糖。为什么只能给她两块？原来他和儿子朗朗早就约定好了，无论是谁，每人每次只能吃两块糖。

听到有糖果吃，三个孩子都过来拿了两块。没多久，静静就跑到老孙面前，告状道："叔叔，叔叔！蒙蒙又拿了好几块糖，她说她要带几块给她妹妹吃，因为你们家的糖实在是太好吃了。"

老孙听后来到蒙蒙跟前，拉着她的手道："孩子，每次只能拿两块糖是我们家的规矩，如果你想让妹妹吃，就去家里把妹妹叫过来，好吗？但是，现在呢，为了遵守规矩，你得把多拿的糖放回去，可以吗？"

蒙蒙听了，只好将多拿的糖放了回去。

对于老孙的做法，很多家长是不是嗤之以鼻，认为他太小气了，居然为了两块糖与一个孩子计较？表面上看，他是过于小气，但实际上，他是在坚守给孩子制定的规矩。如果他因为别人的孩子而破坏了规矩，他自己的孩子就会有这样的想法："为什么我一定要遵守爸爸定的规矩，而其他的小朋友却可以破例呢？"一旦产生这样的想法，他就会有样学样，不守规矩。

孩子能否在不同的场合有意识地约束自己的行为，以适应环境和场合的需要，这就要求父母去培养孩子的规则意识。换句话说，如果想让孩子在长大后遵纪守法，家长就应该从小让孩子明白，无论何人在规矩面前都一律平等。

### 1. 给孩子立的规矩，家中其他成员也要遵守

规矩并不独属于孩子，它应该成为一个家庭共同遵守的法则。比如，你让孩子早睡早起，家里所有人都不能熬夜晚睡、早上赖床。这就会让孩子感觉这规矩不是针对他，而是针对家里所有人。这样，他就会愿意遵守。

### 2. 赋予孩子监督的权利

在制定规矩时，也让孩子有监督其他家庭成员规矩执行情况的权利，任何人破坏规矩，都要接受处罚，让他感到公平，从而让他有持之以恒的信心，并形成良好的生活习惯和规则意识。

# Part 07

# 学习，原本可以是件很轻松的事

# 劳逸结合，别强制孩子只学习

最近，洋洋妈发现一个怪现象，就是自己的孩子明明很勤奋，一回到家就坐在书桌前学习，可是学习成绩却越来越差。无解之下，她只好去找洋洋的班主任了解情况。

听了洋洋妈的疑惑，班主任反问道："你确定孩子坐在书桌前就一定是在学习？"

谁知洋洋妈想都不想，就回答道："书桌上除了书本和文具，没有任何东西，他不学习，还能做什么呀！"

谁知，班主任一本正经地对她说："孩子学习，最忌讳的就是强制，尤其是已经有了反抗意识的高年级孩子，你越是强制，他就越是想反抗！不信你可以回去仔细观察一下，看他坐在书桌前是不是真的在学习。"

洋洋妈听罢，可谓一头雾水，但她还是决定回家仔细观察一下，看孩子是不是在学习。结果几天下来，洋洋妈发现自己的孩子果真如班主任所说的那样，看着是坐在书桌前学习，但实际上不知在想什么呢，书本只是他伪装的工具而已！

原来，洋洋的班主任对洋洋妈是有一定了解的，知道她是那种喜欢强制孩子学习的母亲，因为她的教育理念是：即使你不学，也必须坐在书桌前。洋洋上一二年级时，洋洋妈这种强制的办法还真起到了一定的作用：家里所有的玩具都被她藏了起来，小家伙无事可做，只能写作业了。可是随着孩子一点点长大，这种强制教育的"副作用"也就显露出来了，那就是洋洋现在的样子——阳奉阴违……

生活中，很多家长都喜欢强制孩子学习，要么一声棒喝："赶紧去写作业，写不完不许吃饭！"要么就像故事中的洋洋妈一样，即使不学，也得坐在书桌前！在他们看来，孩子年纪小，缺乏自控力，就得看着、管着、骂着，他们才知道学习。殊不知，随着孩子一点点长大，自我意识一点点增强，他们也会生出反抗意识，也会想各种办法来应对家长的强迫。

所以，孩子学习，最忌讳的就是强制。家长应该学会引导，让孩子主动爱上学习，而不是靠强制手段强迫孩子学习。那么，家长在教育孩子学习时，还有哪些表现是让孩子反感的呢？总结起来，大概有以下几种。

### 1. 无休止地唠叨

有些家长，特别是妈妈们，一看孩子学习不好或不好好学习，就会变得特别唠叨，每天不是抱怨孩子"不自觉""马虎""粗心"，就是感慨"你为什么学习这么差"，在这样的唠叨环境中，孩子的压力会很大，生怕出错被家长骂。可是，谨小慎微之下，孩子的学习效率反而更低。所以，家长们千万不要对着孩子无休止地唠叨。

### 2. 动辄就打骂孩子

有些家长平时很温柔，但对待孩子的学习问题却非常粗鲁、严厉——一看孩子没写作业，立刻一顿臭骂；一看孩子在玩电子游戏，一个巴掌就扇过去了。之所以如此，是因为他们坚信，打骂能促进孩子的学习。可事实却是，打骂教育会让孩子把不满的情绪转移到学习上，变得越来越厌恶学习。

### 3."只许州官放火，不许百姓点灯"

有些家长会要求孩子必须要怎样怎样，比如，不许看电视、不许玩游戏，自己却在毫无节制地做着这些事，是典型的"只许州官放火，不许百姓点灯"，这同样会招致孩子的反感。当不平衡心理发展到一定程度时，孩子甚至会对学习产生仇视情绪。

所以，家长一定要懂得以身作则。想让孩子学习，自己也要去学习。这不仅能给孩子营造出一个学习的氛围，还能向孩子传达一种信息：知识的力量是伟大的，它值得任何人倾注一生的时间去学习。在这样的氛围下，孩子往往不用父母催促，就会主动去学习了。

# 让孩子养成主动学习的良好习惯

乐乐今年 11 岁，虽然正是淘气贪玩的年纪，但他却能做到每天放学一回到家就先做作业，不完成作业绝不看电视、玩游戏。而乐乐之所以这么自觉，完全得益于妈妈的督促。

在乐乐妈看来，孩子的自觉性往往是建立在好习惯之上的，每个孩子的学习，都要经历一个从开始的被动、不愿意，到后来慢慢习以为常的过程。只要大人能有意识地培养孩子一些良好的学习习惯，孩子自主学习的品质就会自然形成。

因此，从乐乐上学的第一天起，妈妈就为他制订了非常合理的学习计划，比如，每天放学回家后，要先做家庭作业，个别不会的题目可以暂时搁置，等爸爸妈妈讲明白之后再做。像周六日、五一、国庆这样的小假期，她则会按照作业总量和放假天数计算出每天需完成的量，然后严格按计划执行。如果有旅游或其他外出活动，作业则要提前赶出来，否则活动就会被取消。结果在不知不觉中，乐乐就养成了学习第一的好习惯。

著名教育家叶圣陶曾说过一句话："什么是教育？简单一句话，就是养成良好的习惯。"的确，好习惯在孩子的学习中起着非常重要的作用，凡是成绩好又爱学习的孩子，都是从小就养成了良好的学习习惯。

因此，要想让孩子爱学习、会学习，就必须重视起学习习惯的培养。那么，良好的学习习惯包括什么，家长该怎样去培养呢？

### 1. 让孩子按计划学习

想要让孩子养成良好的学习习惯，制订计划很重要。家长在帮孩子制订计划时，要考虑得尽量全面，比如，不光要有每天的时间安排，还要有考试复习安排和双休日、寒暑假安排等。同时，计划要简单明了，只要让孩子明白，什么时间该干什么、要达到什么要求即可。制订完计划后，家长要督促孩子严格执行，不能中途放弃，更不能制订完计划就当摆设了。

### 2. 让孩子专时专用、讲求效率

不少孩子学习时喜欢"磨洋工"，无论是看书还是写作业都心不在焉，结果时间耗得很多，却没什么质量。所以，家长应该从实际出发，帮孩子从小养成专时专用、讲求效率的习惯，即在一定时间内，按要求完成一定数量的任务。

### 3. 鼓励孩子"打破砂锅问到底"

家长要想让孩子学习好，就必须帮他养成"打破砂锅问到底"的习惯。比如，在学习的过程中，要鼓励孩子多问几个"为什么"；当孩子遇到疑问时，要鼓励孩子自己动脑去思考，以寻找合理的答案。

### 4. 让孩子多查阅工具书和资料

当孩子在学习中遇到生字、生词时，家长不要立即给出答案，而是应该引导孩子自己去查阅工具书和资料。工具书和资料是不会说话的老师，在学习中，把查阅工具书和资料当成一种习惯，不但会让孩子学到更多的知识，还能让其对学习更主动。

### 5. 引导孩子多向别人请教

家长在培养孩子的良好学习习惯时，引导孩子多向人请教，是不可忽略的一点，比如，建议孩子随时把学习中遇到的问题记录下来，以便向老师、同学请教。当然，引导孩子向别人请教时，要注意提问质量，翻开书本就能解决的，或者自己思考一下就能解决的，最好自己解决。否则，就失去请教的意义了。

# 全面辅导不如教会孩子怎样学

　　玲玲是个很勤奋的孩子，每天不但能按时完成老师留的作业，还能做一些妈妈额外布置的学习任务。但是进入高年级以后，玲玲在学习方面似乎越来越吃力了，有时候明明一道很简单的应用题她都做不对。

　　玲玲的这种情况，妈妈是看在眼里、急在心上。起初，她以为是因为玲玲做题做得太少，知识掌握得不牢固才导致了这样的结果。于是，她去书店给玲玲买了大量的辅导书和习题，准备用题海战术来解决女儿的问题。可是一段时间下来，玲玲的学习成绩并没有因此而有所提高。由于玲玲每天要做题到很晚，睡眠严重不足，以致上课常常打瞌睡，所以学习成绩不但没有提高，反而下降了。

　　无奈，玲玲妈只好求助于玲玲的老师。结果，老师的话让玲玲妈如大梦初醒一般：原来是自己女儿的学习方法不对……

　　有人曾在一次中学生潜能训练中做过一个调查，问文科的学习方法是什么，结果在座学生异口同声地回答说："背！"又问理科的学习方法是什么，学生又异口同声地答曰："做题！"可见，现在背和做题，是孩子们对学习方法的普遍认知。

可是，无论是中学生还是小学生，光靠死记硬背，肯定学不到真知，想要让孩子主动爱上学习，家长就要帮助孩子找到科学的学习方法，引导孩子高效地学习。那么，在这方面家长应该如何引导呢？

### 1. 让孩子养成课前预习的好习惯

让孩子预习，不是让他把老师明天要讲的内容简单看一遍就完事了，而是应当让他通过预习，找出重点、难点和疑点，并做上标记。要想预习有质量，学会质疑是关键，即找出不懂的地方，提出深层次的疑问，比如，当孩子在预习中遇到不理解的公式、陌生的英语单词时，要引导他想一想：这些公式、单词我以前学过吗？与之前所学的知识有什么联系？它是不是就是下节课学习的重点？有了这些疑问，孩子在第二天上课时才能有的放矢，听得专心。

### 2. 鼓励孩子在课堂上认真听讲

对于学习而言，听讲是最重要的一个环节。所以，家长一定要鼓励孩子在课堂上认真听讲。不仅老师讲新课时要认真听，老师领着复习旧课时也要认真听；不仅要对自己没有掌握或没完全掌握的内容认真听，还要对老师讲过多次、自己已经会了的内容认真听。听课时，不仅要全神贯注、聚精会神，还要眼、耳、手、脑各器官并用，把老师讲的东西看在眼里、听在耳中，用笔记下要点，大脑要跟着老师的思路走。如果有不明白的，就要积极提问；如果老师提出问题，就要积极回答。只有这样，孩子才能把老师讲的东西完全消化掉。

### 3. 引导孩子课后复习

孩子每天放学后，家长不要急着让孩子写作业，而应该引导他们先把白天的学习过程在大脑里放一遍"电影"，这不会浪费多长时间，却能让孩子掌握的知识更加牢固。

此外，每单元结束、期中、期末，都要把学过的功课从头到尾复习一遍，把遗忘的捡起来，把有疑问的消灭掉。只有这样，孩子才不会学一点扔一点。

### 4. 督促孩子认真完成作业

家长在督促孩子写作业时，会要求他们像考试一样，独立、认真地完成，不准参考任何答案。作业完成后，家长还应该检查一遍，看看对错。因为对孩子而言，不知对错的作业不如不做——他每做错一次，就会把错误的东西在记忆中强化了一次，这其实是一种劳而无功的做法。

### 5. 教孩子交替学习

很多孩子在家一做上某一科的作业，就会一鼓气把它做完，不管时间长短，其实这是很不科学的。因为人一次接受同类的内容过多，很容易发生遗忘。所以，家长在督促孩子学习时，应让孩子学会文理科交替学习、不同学科交替学习。要知道，不同学科的知识由大脑的不同部位主管，学科交替学习，可以使大脑的各个部位得到及时修整，进而促进孩子对知识的吸收。

总之，要想让孩子爱上学习，家长就必须让他掌握一些好的学习方法。但是，上面这些方法只是一个大体的思路，要想看到成效，家长还应结合自家孩子的具体情况，静下心来认真思考和提炼，总结出最适合自家孩子的方法。

# 引导孩子关注知识、爱上学习

　　翠翠今年上小学三年级了，就在别的孩子还在被家长看着、管着学习时，翠翠却像对学习"上瘾"了一样，每天都积极、主动、快乐地去完成各种学习任务。为什么别的孩子眼里的苦差事，在翠翠这里却成了一种乐趣呢？这其实主要归功于她的妈妈。

　　不得不说，翠翠妈是一个非常会教孩子的母亲。在学习方面，她从不强制自己的孩子，但这并不代表她就袖手旁观，相反，她会用各种办法引导、教育自己的孩子，让孩子觉得学习是一件非常有趣的事。

　　比如，翠翠妈在帮翠翠预习"坐"这个生字时，就先说了一个谜语："两个小孩，在土堆上背靠背，打一字。"谜语一出，爱猜谜语的翠翠立马托着下巴思考起来。可是，想了半天，翠翠也没有说出正确答案，这时候，翠翠妈开口了："这个字呢，你没猜到不怪你，因为它是你明天要学的生字——坐。你看，两个'人'字在一个'土'字上面，就组成了一个'坐'字，是不是很形象啊。"翠翠听完，再一琢磨，发现果然有意思，于是又催促起妈妈来："妈妈，再学一个生字，再说一个谜语！"……

对于孩子来说，"学习很枯燥"和"学习很有趣"是两种完全不同的体验，同时，也会促使孩子产生两种截然不同的学习态度：前者会让孩子越来越讨厌学习，而后者却会让孩子对学习越来越喜欢。著名的物理学家杨振宁就曾表示，他不赞成有人说他是"刻苦"学习的，因为他在学习中从没感到"苦"，相反，他体会到的是无穷的"乐"。

所以，聪明的家长绝不会通过打骂、逼迫的方式来强迫孩子，让孩子觉得学习是一件苦差事，而是会想办法让孩子觉得学习是一件很好玩、很"上瘾"的事。那么，如何才能让孩子对学习"上瘾"呢？建议做到以下几点。

### 1. 多表扬，少批评

有些家长在教育孩子时开口闭口就是这样的话："这么简单都不会，就知道玩！""你怎么这么笨，我真不知道你继承了谁的智商！"家长说这样的话本是恨铁不成钢，却不知，在这样的批评中，好钢也会钝化，因为这样的话听多了，孩子就会觉得自己真的很差，在学习中有压抑感，自然就厌恶学习。所以，聪明的家长，一般都懂得去发现孩子的优点，会多表扬、多鼓励，少批评，让孩子对自己、对学习充满信心，而不是用批评去打击孩子的信心。

### 2. 要懂得因材施教

由于先天或后天因素，孩子之间会存在一些差异。对此，家长绝不能因为你的孩子在某一方面不如别人，就说他不行，更不能拿他跟别的孩子比，动不动就说"你看看谁谁谁，为什么人家行，你就不行"这样的话。因为这对孩子而言，是最直接的否定，如果自己家长都这么看，别人又会怎么看，孩子又会怎么想？所以，作为家长，不但不能说这样的话，就连这样的想法也不应该有。

当然，"因材施教"也要讲技巧。对于某些方面确实不如别人的孩子，家长首先要对他有一个准确的定位，对他提出的要求不能太高，也不能太低，一定要让他经过努力后能够做到。

### 3. 让孩子享受成功的快乐

当孩子体会到成功的快乐时，他们会对学习越来越"上瘾"。所以，在生活中，家长可以制造机会让孩子"露一手"，以展示他们在学习方面的成果，享受成功的快乐。比如，当你的孩子学会背一些儿歌、古诗后，不妨让他背给大人听；当你的孩子学了画画、写字、算术时，不妨在家里为他办个"学习园地"，把他的作品贴出来，供家人和客人欣赏；或者帮他回忆一些往事："你还记得吗，你曾经自己攻克过一道非常难的数学题""你看，这本书上的字你以前都不认识，总让妈妈念给你听，现在你都能自己读了"，等等。

# 孩子粗心大意，家长要耐心纠正

很多家长都认为，粗心是孩子主观的原因。其实不然，因为导致孩子粗心的原因有很多，孩子的视知觉能力、思维定式、不良的写字算数习惯等，都可能让孩子看起来有些粗心。当家里有个粗心的孩子时，家长要拿出耐心和宽容，慢慢想办法，千万不要瞎指挥、乱批评，更不要指望着一蹴而就。要知道，孩子细心的好习惯是在日常生活中一点一滴养成的，打骂不能解决任何问题。那么，家长该如何帮孩子改掉粗心的坏习惯呢？建议从以下几点入手。

## 1. 帮助孩子找到"粗心点"

每个孩子都有自己不同的"粗心点"。所以，如果细心观察的话，你就会发现，孩子的粗心一般都"粗"得很有规律。比如，一个孩子粗心，会通常表现在一个科目上，而在其他科目上却表现得正常；再比如，有些孩子做题时总出错，不是他不会做，而是他总是审错题。因此，想要帮孩子改正粗心的坏毛病，家长首先要找到孩子的"粗心点"。

10 岁的蒙蒙数学成绩一直不好，后来，经过蒙蒙妈和蒙蒙的仔细分析，得出了一致的结论：之所以出错，是因为每次都会把题目看错。由此，蒙蒙妈知道了，蒙蒙的"粗心点"就是容易看错题目。

于是，她告诉蒙蒙："你粗心的原因是每到审题时，你的思维就滑过去了。不如这样，以后你每次再做这样的题时，先停一下，闭上眼睛数三个数，再睁开眼睛往下写，这样就不容易错了。"

蒙蒙听了妈妈的话，再做作业时，因为粗心而出现的错误果然少多了。

### 2. 给孩子准备一个错题本

如果你的孩子有粗心的毛病，你不妨给他准备一个错题本，然后让他把作业本里自己易错的题或字摘录下来，同时，分析这些题或字写错的原因。只要坚持一段时间，你就会发现，孩子"粗心"的毛病会改善很多。

### 3. 多围绕细心做文章

遇到粗心的孩子，家长与其抱怨、责骂，不如转换一下思路，围绕细心多做做文章。比如，当发现孩子的细心之处时，要找机会多表扬；再比如，在家里弄一张"细心表"，每发现孩子细心一次，就给他画一个红五星，等红五星满多少个时，就满足他一个小愿望，再满多少个时，就给一个更大的奖励。只要这样坚持一段时间，你就能发现，孩子会变得越来越细心，而他粗心的毛病，则得到了有效的改善。

### 4. 培养孩子整齐有序的生活习惯

孩子粗心，跟家庭也有很大关系。如果孩子从小就生活在一个无序的家庭中，没有一定的作息时间、没有一个好的生活习惯，那么做事丢三落四、马马虎虎，将会是一种必然。所以，家长首先要给孩子创造一个整齐有序的生活环境，然后引导孩子养成整齐有序的生活习惯。

# 给心态浮躁的孩子多些"磨炼"

现在有些孩子，看到一部小说在社会上引起强烈反响，就想投身文学创作；看到计算机在各行各业广泛应用，就想学习计算机技术；看到外语在对外交往中起重要作用，又想学习外语；想做影星，又想当老板，今天学钢琴，明天学游泳……由于他们只想"速成"，对学习的长期性、艰巨性缺乏应有的认识和思想准备，一旦遇到困难，就会失去信心，打退堂鼓，到最后什么都没学成。罗马不是一天建成的，太过急躁会让孩子离成功越来越远。那么，妈妈该怎么做才能培养孩子的专注力，有效帮助孩子克服浮躁的心态呢？

## 1. 要循序渐进，不能急于求成

年龄越小的孩子越不容易集中注意力，开始的时候要求他们将注意力集中在某一事物上的时间不要太长，以5~10分钟为宜。以后可以随着年龄的增长而增加，难度也可以相应有所提高。当孩子专注于某一事物一段时间之后，要让他们进行适当的休息。

### 2.给孩子游戏的时间

爱玩是孩子的天性，如果他们得不到满足，是不可能专注地做其他事情的。有些妈妈总是剥夺孩子游戏的时间，这样做会让孩子渐渐变得有意拖延时间，半个小时能够做完的家庭作业，却要用上一个半小时甚至两个小时。这对孩子良好习惯的养成是非常不利的。

妈妈一直对磊磊管教很严。因为小学二年级的功课比较少，而且很简单，所以磊磊总能很快完成家庭作业，而且很少出错。但妈妈却不这么想。

一天，磊磊做完了作业想要出去玩，又被妈妈一把抓住："作业做完了吗？怎么一天到晚总想着出去玩！"妈妈的训斥让磊磊既委屈又生气，他也大声叫起来："当然做完了！不信你看！"磊磊边说边把作业本递给妈妈。妈妈接过来，并没有翻开看看，而是用它点着磊磊的鼻子说："这么多题你这么快就做完了？肯定有很多错误！你再好好检查一遍，过半个小时拿给我看！"

就这样，磊磊游戏的时间又被剥夺了。

磊磊的妈妈错误地理解了专注的含义，把一定时间内高度集中注意力误解为必须长时间地集中注意力。

### 3.让孩子明确做某件事的目的

专注力是为任务服务的。任务越明确，对任务的理解越深刻，完成任务的愿望也就越迫切。相应地，专注力也就越能集中和持久。比如，鱼缸里有几条金鱼，孩子平时可能不会太关注。但如果妈妈告诉孩子："这些金鱼不久就会生出小鱼来，你要是看到了，就马上告诉我。"孩子就会经常注意鱼缸。想让孩子持久地保持专注力，不能强迫他们，而是要让他们知道为什么要这样做，这样会激发他们做好这件事的欲望。

### 4. 告诉孩子：每次只做好一件事

有些孩子常常在写作文的时候还想着有道数学题没解开，做手工的时候还在纠结什么时候把美术课的作业完成。这样的结果往往是什么都做不好，久而久之，还会养成三心二意的坏毛病。所以，妈妈应该让孩子明确一点，无论面对多少任务，想要做得好，每次只想、只做一件事情是最可取的。为此，可以故意给孩子很多任务让他去完成，当他做得一塌糊涂的时候，再告诉他，只有每次专注做好一件事才是捷径。这样，孩子对专注的重要性就能体会得更深刻了。

# 写作业磨蹭，真的是孩子的问题吗？

　　晴晴今年已经读三年级了，但是她写作业磨蹭的坏毛病，一点也没有随着年龄的增长而改变。这不，都已经两个小时了，书桌前的晴晴却只做了数学作业，英语作业和语文作业还没开始，语文书也不见了。

　　无数次的忍耐和讲道理无效之后，晴晴妈又一次爆发了。她强制正在磨蹭着写作业的晴晴停下来，然后把她拉到一边，一番恶语相向的发泄之后，又拉着晴晴走向门外，恐吓她说要把她赶出家门。

　　冷静下来之后，晴晴妈和晴晴爸无言地坐在沙发上，除了叹气，再也没有力气做什么，只有无奈的情绪充满在空气里……

　　生活中我们经常听到家长的抱怨："现在的孩子真不懂事，做个作业，跟要了他的命似的，非得'逼'着、'盯'着、'催'着他们，他们才肯老老实实地写。"可是，"逼""盯""催"就能解决问题吗？这可未必。

其实，孩子写作业慢，有各种各样的原因，家长只有找到原因，对症下药，才能彻底改掉孩子写作业磨蹭的坏毛病。根据经验来看，孩子写作业慢的原因主要有以下几种。

### 1. 跟书写的熟练程度有关

和成年人比，孩子在小学阶段写字确实比较慢，尤其到了三年级，小学生开始改用钢笔写字，每个字都要一笔一画地写，速度自然不会太快。

针对这种情况，家长应该顺其自然，等孩子写字的熟练度上去了，做作业的速度自然也就快了。

### 2. 跟学习习惯的养成有关

有些孩子从小就没养成良好的学习习惯，所以在写作业的时候经常是一边玩一边写，或者一会儿去喝点儿水，一会儿去吃点儿东西，一会儿又要上趟厕所，中间不知道耽搁了多少时间，以致拖到很晚才写完。

针对这种情况，家长除了要注意培养孩子良好的学习习惯外，还要适当采取点儿奖惩措施。比如，孩子今天比昨天完成作业的速度要快，那么家长就应该及时给予表扬、鼓励，或者给孩子一些奖励，如让孩子利用节省下来的时间看个动画片、玩会儿游戏，或者满足他一个小心愿；如果孩子没有在规定时间内完成作业，那家长就应该实施之前说好的惩罚措施，如取消某一个活动，三天内不许玩游戏，等等。这样的方式是很有效的。

### 3. 跟孩子负担太重有关

很多家长唯恐自家孩子比别人家孩子差，所以校外五花八门、种类繁多的辅导班、学习班成了家长们的最爱。什么音乐班、舞蹈班、绘画班、英语班、奥数班……只要是家长觉得有用的，就一定会给自己的孩子报上名。结果孩子放学后，先被带着去上课。而且通常是这边下了课，又得赶去那边上下一堂课。待晚上回到家，就已经七八点了。等孩子吃完饭，坐下来写作业时，基本已经没什么精力了。在这样的状态下，孩子学习的效率不会很高，那么写作业慢也就是情理之中的事了。这种情况，家长也要好好反思。

　　当然，针对孩子写作业磨蹭的坏毛病，家长除了要对症下药外，还应该给孩子一个自然、宽松的环境，尽量做到不陪、不逼、不盯、不催。这会让孩子对学习有一个正确的认识，他会意识到，写作业和学习是自己的事情，他是在为自己学习，而不是为父母学习。这才是引导孩子积极面对家庭作业的最高境界。

# 让孩子自觉写作业，方法很简单

　　明明今年上三年级了。一天晚上，明明妈下班回到家后，看到明明正在电脑前忙着什么。明明妈以为儿子转了性，开始爱学习了，可是走近一看，肺都快被气炸了：明明竟然在通过 QQ 抄写同学传递过来的作业答案。

　　明明妈是又气又不解：现在的孩子应付老师的手段竟然这么先进了？难道老师最近给孩子留的作业太多了？否则他怎么会想到这样的招数来应付呢！万般无奈之下，明明妈只好打电话与明明的班主任沟通……

　　孩子对作业应付了事，的确是让很多父母都头疼的问题。如果是老师布置的作业太多，超出了孩子可承受的范围，那孩子对作业应付了事倒也可以理解。但问题是，现在的老师给孩子留作业时，都有很强的原则性：一是求质不求量，二是一定要对孩子接下来的学习有帮助。在这样的原则下，老师是不会给学生布置太多作业的，可如果在这个前提下，孩子对作业还是应付了事，家长该如何应对呢？

建议做到以下几点。

### 1. 让孩子明白为什么要写作业

一位老师曾在很多班级里做了这样一个调查：你为什么要写作业？结果，得到的大部分答案都是：因为老师让我们写作业。可见，大多数孩子都不明白老师为什么要留作业，他们之所以要写作业，仅仅是把它当成了一项不得不完成的任务而已。在这样的情况下，孩子对作业应付了事，也就不难理解了。所以，家长想要改掉孩子这个坏毛病，就必须要让孩子知道写作业的目的。

其实，老师给孩子留作业，主要目的有二：一是巩固孩子白天所学的知识；二是训练孩子灵活运用知识的能力。但是家长如果这样直接告诉孩子，孩子是很难理解的。所以这时候，家长就要讲点策略了，比如，可以让孩子做一个试验：一周之内，前两天认真写作业，并记录下第二天听课的效果；后三天不写作业，再把这三天听课的效果记录下来。通过对比，孩子很容易发现写作业的好处。

需要一提的是，家长在运用这一方法时，要跟老师做好沟通，给孩子几天不写作业的特权，只有这样，试验才能顺利进行。

### 2. 让孩子把写作业当成考试

家长可以跟孩子来个约定：把每一次写作业都当成一场考试。然后给孩子制造一种类似于考场的氛围，比如，把书桌收拾干净，桌面上只留课本、作业本和文具；闲杂人等不得入场；规定写作业的时间，等等。这时候，孩子很容易进入"考试"状态，自然也就认真起来了。

### 3. 给孩子制造一个良好的学习环境

孩子写作业时，家长一定不要随便去打扰。如果有条件，最好给孩子一个单独的空间，如果条件不足，也要尽量保持安静。只有这样，孩子才能心无杂念，把心思全用在写作业上。

# 贪玩、不专心的孩子需要劳逸结合

妮妮眼看就要上三年级了，可是妮妮妈这段时间却显得忧心忡忡。原因是平常挺机灵的妮妮学习时很难集中注意力，不但一上课就走神，还经常在写字时把偏旁部首写颠倒，而对数学应用题和作文，她更是一知半解，以致答题时丢三落四。

因为这个，妮妮妈只好天天陪着她写作业，每个周末还要请家教辅导。可大半个学期过去了，并没见到什么效果，妮妮不专心的毛病没有得到任何的改善……

为什么孩子不能在学习时专心点呢，这与孩子的爱好多、兴趣杂、没有养成良好的学习习惯等有关。那么，面对孩子学习不专心，家长该怎么做呢？

## 1. 让孩子多玩多动

让孩子学会玩，比如踢球、跳绳、翻筋斗、荡秋千、剪纸、画画，等等，不要让他每天宅在家里玩手机游戏。因为玩和动有利于训练孩子的整体整合能力。待孩子的整体整合能力得到一定程度的训练后，孩子的注意力自然就容易集中了，那么抄抄写写、读读算算也就不再是什么困难的事了。

### 2. 有意识地对孩子进行训练

平时，家长应针对孩子不专心的毛病进行有意识的训练，比如，让孩子听广播记日记，读故事再口述，看新闻写信息，听算速算，等等，这会逼着孩子专心地听、说、读、写。久而久之，孩子的注意力自然就提高了。

### 3. 给孩子规定时间，明确任务

家长要懂得给孩子一点压力，比如，多长时间内要完成什么作业，让孩子做到心中有数。只有这样，孩子才会集中心思去完成。家长在做规定时，可以制定一个奖惩措施，比如，如果在规定时间内完成，就允许他看最喜欢的电视节目，或者玩一会儿游戏；如果中途开小差，导致任务不能按时完成，就要罚他一星期不能看电视，等等。

### 4. 辅导孩子学习要注意趣味性

家长在辅导孩子学习时，应做到形式多样，生动活泼，比如，家长可以用富于变化且具有幽默感的语调来增加情趣；再比如，家长可以和孩子一起争论，共同质疑，还可以用开展竞赛及不断激励的方式，诱导孩子独立思考，从而促使孩子集中精力，潜心学习。

### 5. 培养孩子的坚强意志

要想让孩子专心学习，家长还应注意培养孩子的毅力和自制力，使孩子具有不怕艰苦、勇于克服困难的精神。比如，家长可以根据孩子的特点，不断地对孩子提出要求，并及时检查、督促，根据情况提出表扬或批评。只有这样，孩子才可能有始有终、坚持不懈地完成学习任务。

# 尽早平衡孩子的偏科现象

已上小学五年级的大竣在老师和同学们的眼中是个"怪才"——他的数学成绩在全年级一直名列前茅，但语文成绩却一直很差。而且大竣是个非常有个性的人，他虽然数学成绩很好，却常常不交作业，做题的时候，他往往只给出答案，却不按老师的要求写出解题过程。另外，对于自己感兴趣的事，他可以废寝忘食，而对于自己不感兴趣的事，就算别人说破嘴皮子，他也不会理睬。

由于偏科严重，大竣的父母很是着急，常常督促他在语文上多下些功夫，但效果甚微。原因很简单：他不喜欢。他在日记中是这样说的："我不喜欢语文课，因为语文课上，老师总是在提问题，我特别担心老师提问到我时我答不上来。我也不喜欢音乐课，因为我唱得不好，同学们总是嘲笑我。"

孩子偏科的危害显而易见，如果孩子出现了偏科想象，那在未来的学习中，随着各个科目难度的增加，孩子"瘸腿"的现象将会越来越严重。另外，偏科还会影响孩子对其他科目的学习，因为各门学科之间是有联系的，如果某一科目学得不好，其他科目必然会受到影响。

因此，家长应该从小就对孩子做正确的引导，令其全面发展。如果孩子已经出现了偏科的苗头，则建议家长做到以下几点，以及时帮助孩子纠正。

### 1. 让孩子知道"偏科"的危害

很多孩子在学习上偏科，与他们的兴趣有很大的关系。比如，有些孩子从小就对数学感兴趣，所以一有时间就喜欢琢磨有难度的数学题。每个人的时间和精力都是有限的，在这一科用得多了，在那一科用得自然就少了，所以孩子慢慢就有了偏科倾向。

在这种情况下，家长一定要把偏科的危害明确地告诉孩子，让他们明白均衡发展的重要性。只有这样，孩子才有可能改变偏科的情况，让自己的各门功课都能得到相应的提高。

### 2. 引起孩子对其他学科的兴趣

不同学科之间是相互联系、相互渗透、相互促进的，对于特别偏爱某一科的孩子，家长不妨以他喜欢的科目为切入点，来激发他对其他学科的兴趣。比如对偏爱数学的孩子，你可以讲一些数学的发展史，以激发他对历史的兴趣。而历史与语文又有许多相关联的地方，这样他就会通过数学对语文产生兴趣。

此外，家长也可以抓住生活中的一些细节，随时引导孩子对一些科目产生兴趣。比如，有的孩子讨厌数学，那家长出去买东西时，就可以让孩子去付钱，让他看到数学在生活中的重要性。这样时间一长，孩子就会对他不喜欢的科目产生兴趣了。

### 3. 不妨从老师入手

有些孩子偏科，往往跟老师有很大关系。比如，孩子不喜欢某一科的老师，或者曾被某一科的老师批评过，留下了心理阴影，等等，这都有可能让孩子对这一科产生厌烦情绪。孩子对某一科没了好感，成绩自然就会下降；成绩一下降，孩子就会对这一科更加不喜欢。长此以往，就会形成恶性循环。

所以，如果孩子是因为老师才偏科的，那么家长就应该想办法让孩子爱上这一科的老师，比如，可以经常在孩子面前美化老师："听说教你们这一科的老师特厉害，通常一边跟你们聊天，一边就把知识给你们讲了！""据说你们那位老师特温柔，你们一定都很喜欢她吧！"这样的话其实是一种心理暗示，孩子听得多了，于潜移默化中可能就真的喜欢上那位老师了。

最后，需要家长注意的是，在纠正孩子的偏科问题时，一定既要补"弱科"之短，又要扬"强科"之长，这样才能保证孩子全面发展。如果这一科补上去了，那一科却因为被忽视而落下去了，那你所做的一切就都失去了意义。

# 先消除厌学孩子的负面情绪

已上四年级的斌斌最近患上了一种很奇怪的"病"。妈妈发现，每天早晨去上学前，斌斌都会喊肚子疼或头疼。开始的时候，妈妈还以为斌斌真的病了，可每次带他去医院检查，都查不出个所以然。

更奇怪的是，以前斌斌写作业一向都很积极，可最近却变得磨磨蹭蹭，一打开书本就犯困，即便妈妈在旁边监督，他也不能集中注意力来学习。有时候妈妈问他学习上的事，他也是立刻转移话题。

对此，妈妈很是担心，她想不明白，为什么从前挺爱学习的斌斌，现在却谈"学"色变？

斌斌的表现是典型的厌学症的表现。孩子一旦出现厌学情绪，就很容易变得不爱上学、不爱写作业，上课提不起精神等，严重一点的，甚至会有逃学这种极端行为。

学习是学龄儿童的主导活动，是儿童社会化发展的必要条件，也是儿童获取知识和智慧的根本手段。那么，为什么本该对学习和学习过程充满热情、好奇的小学生会出现厌学情绪呢？其实，家长对孩子期望过高、课业负担过重、孩子心理承受能力欠佳等因素，都可能会让孩子产生厌学心理。所以，孩子厌学，家长不能把责任全都推到孩子身上，应从以下几点来引导和纠正孩子的厌学情绪。

### 1. 让孩子在学习中感受到爱

根据马斯洛的需要层次理论，除了生存与安全感外，人还有爱和归属、自尊和自我实现的需要。对于小学生来讲，他生活中的绝大部分时间都在学习，如果学习能满足他们的这些需求，那他们自然也就不会有厌学情绪了。所以在学习中，家长应该多鼓励孩子，多表现对孩子的关爱和肯定，而不是孩子成绩一差就打骂、批评。

### 2. 父母对孩子的期望要合理

许多家长对孩子期望过高，在学习方面过多地要求孩子，以致孩子自发的学习兴趣和学习信心被磨灭了。所以，家长应该根据实际情况，对孩子做出客观的评估，既不要盲目乐观，也不要低估。只有这样，孩子才能处于自信而不自满、自尊而不自负、自善而不自弃的心理状态。

### 3. 给孩子一个宽松的家庭环境

有些父母常在孩子面前为孩子的学习和家庭教育问题而争吵，或者一天到晚千叮咛、万嘱咐，唠叨个没完。在这样的环境中，孩子会很有压力，同时也会很反感。这很容易让孩子产生逆反心理，进而发展为厌学情绪。所以，家长之间即使在孩子的学习问题上产生分歧，也不要在孩子面前争吵，一定要给孩子一个安静、自由、宽松的环境。

### 4. 帮孩子树立必胜的信心

孩子厌学，很大程度上与他丧失了信心有关。所以，当孩子出现厌学情绪时，家长首先要做的不是批评和说教，而是帮孩子重新建立起自信。比如，你可以适当降低对孩子的要求，巧设情境，让孩子体验成功的喜悦；再比如，当孩子在写作业、考试或是成长经历中有进步时，家长应该及时表扬，让孩子看到希望，树立信心。

### 5. 对孩子进行学习方法的指导

很多时候，孩子是非常渴望学好的，但因为缺乏正确的学习方法，久而久之，他们会发现无论自己怎么努力，成绩也不能提高，于是慢慢就产生了厌学情绪。所以，对于这类孩子，家长一方面应该对其进行一些学习方法的指导，让他们轻松地学习，享受学习的乐趣，另一方面则应该让孩子了解学习的本质，关注学习过程本身，而不是一纸成绩单。

此外，家长还可以通过订阅家教周刊、与学校老师和其他家长进行交流等方式，指导孩子树立远大理想，教他们如何学习，如何进行自我心理调适、承受挫折、培养自控能力等，来帮助孩子消除厌学心理。

# 让孩子愉快地面对考试

经过一段时间的学习，轩轩即将迎来小学生涯的第一次考试。

在一次放学后，轩轩不解地问："妈妈，我们为什么要考试呢？在幼儿园的时候我们从来不考试啊。"

妈妈听到轩轩的疑问，便停了脚步，蹲下来反问道："上学这么长时间了，你在学校都学到了什么呢？"于是轩轩一项一项数了起来："生字、算术、唱歌、体操、小制作……好像还有很多，但我想不起来了。"

"那你知道这些东西你学得怎么样，记住了多少吗？"

"不知道。"

"这就是考试的意义了。考试就是测验，只有通过考试，老师和你才能知道你究竟掌握了哪些知识啊！"

"那如果我全部掌握了是不是就可以考 100 分？"轩轩睁着大眼睛兴冲冲地问道。

"对，如果你掌握了所学的全部知识，而且你在考试中足够认真仔细，那就可以考100分。"

可是到了第二天，轩轩却闷闷不乐地回了家，对妈妈说道："我不想参加考试了！"

妈妈很惊讶，忙问为什么。轩轩哭着答道："我同桌说，他哥哥以前没有考到100分，就被妈妈狠狠地打了一顿；老师也说，考试考不好就不能得奖状。妈妈，我害怕！我不要考试，我肯定考不了100分……"

听完轩轩的话，妈妈哭笑不得，她搂过轩轩，语重心长地说："傻孩子，你怎么会这么想呢？只要你平时认真学了，考试时也没有粗心大意，那不管考得怎么样，爸爸妈妈都不会怪你的，更不会打你，你仍然是爸爸妈妈的宝贝。"

"真的吗？如果我没有考100分，你们也不会打我吗？"轩轩似乎有点不敢相信。妈妈点了点头，又与轩轩拉了勾。轩轩这才破涕为笑。


孩子最初面对考试的时候，心里通常都比较紧张，尤其是在父母比较严厉的家庭中成长和自尊心强的孩子，更害怕因为考不好而遭到家长和老师的责骂。这时候，家长千万不要把包袱扔给孩子，让孩子产生压力，而应该帮助孩子一起克服考试的紧张心理。那么，家长应该如何做，才能让孩子愉快地去面对考试这件事呢？

### 1. 父母要以平常心看待孩子的考试

父母在引导孩子之前，自己先要有一颗平常心。有些父母会经常对孩子说："期末考不了100分，假期就别想着出去玩了！""如果你能考100分，那妈妈就给你买你最喜欢的那件玩具，如果考不了，那就等着吧！"这样的话，其实是在变相地给孩子压力。所以，父母平时一定要少说这样的话，尽量营造出一个轻松、和谐的家庭氛围，同时，对孩子表现出信心，千万别在孩子面前说一些担心或忧虑的话。

### 2. 要让孩子以平常心面对考试

父母要懂得从心理上缓解孩子的紧张情绪。让孩子明白，考试只是学习生活的一部分，是为了检验学习成果而做的一次再平常不过的测验，并没有什么特别的意义。只要抱着愉快的心情，尽自己最大的努力去完成它就可以了，即便没考好，也没有关系。

### 3. 帮孩子做好考前复习

开始面临考试时，孩子难免会手忙脚乱，根本不懂得如何复习，也不懂得如何在考试中处理各种问题。所以，身为父母者，应该帮孩子有目的、有规划地进行考前复习，比如，让孩子做一些典型的算术练习，给孩子听写汉字、拼音等。另外，还要让孩子知道一些应试技巧，比如，要认真阅读每一道题的要求，写拼音、汉字时要规范，遇到搞不清楚的问题，可以选择不填或者随便填一个，等等。

### 4. 模拟考试，减轻孩子的忧虑

在考试之前，很多孩子会感到困惑：考试到底是怎么一回事呢？这时候，父母在给孩子做好解释的同时，还可以做一次模拟考试，比如，让孩子在规定的时间内完成数学、语文等相关学科的考试，并且告诉他们，这些题目是需要独立完成的，考试时要保持安静，不能偷看。这时候，孩子会对考试有一个初步的认识。经过模拟考试，当他发现考试和平时做练习没什么区别时，心情自然也就放松了。

# Part 08

# 多陪陪孩子，关爱孩子的身心健康

# 孩子的事，请和孩子商量

　　一位中国母亲带着儿子去法国旅游。一天，她和儿子来到法国朋友家做客。热情好客的女主人问客人喝点什么，母亲回答说："随便吧。"女主人又问男孩想喝点什么，还没等男孩回答，这位母亲又抢先说："别管他，我喝什么，他喝什么。"女主人对此很不理解："还是让孩子自己选吧。"但这位母亲还是固执地表示没有给男孩选择的必要。男孩最终也没有得到选择的权利。

　　孩子想要喝什么本应该由自己选择，这是他的权利，母亲不应该越权代办。"想要喝点什么"还只是生活中一件再小不过的事，却反映出了这位母亲在教育孩子上存在的问题。很多家长在生活中成为孩子的"代办者"，从生活琐事到思考问题都代办到底，久而久之，很容易使孩子变得懒惰，形成依赖心理，缺乏自主意识和自理能力。从另一方面来说，随着孩子年龄的增长，孩子的思考能力、认知能力都得到了提高，在兴趣爱好等方面都有了自己的主见，若是家长对孩子的想法横加阻拦，会让孩子在心里与父母产生隔阂，从而更加放纵自己的行为，让本来通过商量就很容易解决的问题变得更加棘手。所以，家长应该做到与孩子有关的事要在充分尊重孩子的前提下与孩子商量，达成共识。那么，具体来说，还有哪些方面需要注意呢？

**1. 尊重孩子的感觉**

孩子都有自己的想法，也许他们的想法是幼稚的，甚至是错误的，但家长不要轻易加以否定，要尊重孩子的感觉。

妈妈带贝贝去商场买衣服。贝贝看中一件印着面包超人的外套。妈妈摸了摸，觉得做工非常粗糙，就给贝贝买了另外一件。贝贝很不高兴。妈妈耐心地跟他说："这件质量比那件好，还更贵呢！"可是贝贝说："这件虽然好，但是没有面包超人。我不喜欢。"

其实，孩子并不一定要买多么高档的东西，他们更注重自己的兴趣所在。

**2. 注意与孩子商量时的语气**

与孩子商量时，家长要与孩子平等地商量事情的解决方式，这样孩子会觉得自己受到了尊重，能够很快认同父母的建议，从而加快事情的处理速度。需要注意的是，既然打定主意要跟孩子商量，就要用商量的口吻，特别是在孩子犯错的时候，家长一定要学会控制自己的情绪，千万不要用带有命令的口气，否则会适得其反。因为那样孩子会觉得父母不关心他的感受，不尊重他，于是变得更加放纵。

**3. 对孩子的合理意见要加以采纳**

家长要把孩子当作一个真正的商量对象来进行沟通，而不是带着一种可有可无的心态对待孩子的意见，要让孩子感觉到，爸爸妈妈是重视自己的意见的。当孩子说出自己的看法时，家长要及时给予反馈。

周周家的新房装修好了，爸爸妈妈去家具城选购家具时也带上了她。家具城里各式各样的沙发让他们一时挑花了眼，但不管看哪种沙发，他们都不忘问问周周的意见。一个销售人员见他们在征求一个只有七八岁的小女孩的意见，就不解地问："小孩子哪里懂怎么挑沙发，这不是多此一举吗？"

周周的爸爸告诉他："我们是一家三口，女儿喜欢在沙发上玩，沙发对她很重要，当然要问她喜不喜欢。"周周受到爸爸的鼓励，更加积极地参与其中，不但主动参与对沙发的评价，还根据爸妈提供的参考意见跑来跑去地寻找她理想中的完美沙发。

后来，周周的爸爸妈妈果然买下了周周看中的一组不错的沙发，而且鼓励周周说她的眼光很好。

家长善于采纳孩子的合理化建议，孩子就会觉得自己在父母眼里不再是小孩子，说的话有分量了，这样就会在更多问题上与父母商量。

总之，有了尊重孩子的意识，在孩子的事情上做到与孩子商量，家长就能得到孩子更多的尊重与理解，家庭会变得更加和谐，孩子也会更加快乐地成长。

# 不要以爱之名侵犯孩子的隐私

　　为了防止孩子犯错和保护孩子不受伤害，很多妈妈千方百计地想知道孩子每天都在做什么、想什么，有没有交到坏朋友，有没有早恋或网恋。她们认为孩子是自己的，不存在什么隐私，便以保护孩子为名，查看孩子的聊天记录、监听孩子的电话、偷看孩子的日记等，结果往往导致亲子关系紧张甚至破裂。

　　虽然有些孩子知道妈妈的本意是出于对自己的爱护，但他们觉得这些行为是妈妈对自己不信任、不尊重的表现，还是会感觉到不愉快。妈妈的这种做法还很容易伤害到孩子的自尊心，给孩子造成沉重的精神压力，甚至让孩子产生敌意和反抗情绪，通过全方位地封闭自己的信息来防备妈妈。

　　随着年龄的增长，孩子的自我意识逐渐增强，对父母的依赖逐渐减少，会渴望得到独立和他人的尊重。同时，随着生活领域的扩大和知识信息的增多，他们的情感更加细腻，内心变得敏感，会产生许多不愿为人所知的想法，也有了属于自己的秘密。因为感觉到自己的观点已经与妈妈的有所不同，他们与妈妈的心理沟通会明显减少。即使有话想说，他们也会选择把自己的内心感受倾诉在日记里，或是倾诉给亲密的朋友。这时，如果妈妈无视孩子的感受，用强硬的手段侵犯孩子的隐私，会带来很多负面影响，甚至产生意想不到的后果。

　　一天，读小学五年级的可儿正在房间里写日记，突然听到有人敲门。原来是妈妈给自己送水果来了。可儿一边请妈妈进来，一边把日记本合起来。

　　"又在记日记啊？"妈妈问可儿。

　　"是啊，老师说要养成每天写日记的好习惯。妈妈可不能偷看哦！"可儿娇嗔地"警告"妈妈。

　　"你没允许，妈妈当然不会看了。其实妈妈小时候也和你一样每天写日记。不过我只用那种带小锁的日记本，生怕别人偷看。"妈妈一边回忆往事，一边对可儿说。

　　"那外公外婆偷看过你的日记吗？"可儿好奇地问。

　　"没有。他们见我日记本上有锁，就知道我不想让别人看里面的内容，所以也就不看了。其实想想，那时候还挺好玩的，好像一把小锁就能锁住自己的快乐。"妈妈微笑着告诉可儿。

　　"这样啊！妈妈，我的日记里也有好多快乐。"

　　妈妈真诚地对可儿说："妈妈知道。其实妈妈很希望能分享你的快乐，当然更想帮你分担忧愁。不过妈妈会尊重你的意愿，不会偷看你的日记。"听了妈妈的话，可儿大方地说："妈妈这么说反倒让我愿意和你一起分享我的日记了。"

　　就这样，妈妈既尊重了女儿的想法，又得到了女儿的信任。

　　孩子有自己的思想需求和尊严需求。如果孩子有了隐私，妈妈应该像可儿的妈妈一样，试着走入孩子的内心，与他们进行沟通，而不是违背孩子的意愿进行窥探。

# 给懦弱的孩子足够的安全感

　　小区的活动广场上总是有一群孩子，特别是滑梯那里更是挤满了小朋友。豆豆在傍晚也和妈妈来到了活动广场，豆豆的妈妈很熟络地跟邻居们聊天，豆豆却一直躲在妈妈身后看着滑梯那里的小朋友们。豆豆妈妈指着滑梯说："你快过去玩吧，看那么多小朋友呢！"豆豆有些犹豫，但还是怯懦地过去了。

　　一会儿工夫，豆豆又回来了，妈妈问："怎么不玩了？"豆豆委屈地快要哭了："他们都推来推去的，不会好好玩。"豆豆妈妈很无奈，但是又不好当着邻居的面发火，只是指责豆豆说："你怎么这么胆小啊，一起玩不就是这样的吗？算了，你就在这里玩吧！"

　　豆豆的妈妈就是典型的强势父母，从她跟孩子说话的语气和内容上就很容易看出来。这样的家长完全没有考虑孩子的基本心理需求，不懂得满足孩子的心理需求。当孩子渴望被爱或渴求安全感而没有得到满足时，就会显得焦虑、不安，表现出来的就是懦弱的神情。懦弱的孩子大都爱哭，缺乏自信，所以家长们一定要及早发现孩子的懦弱心理，及早帮孩子纠正。具体的做法可以参考如下几点。

### 1. 不要刻意"放大"孩子哭这件事

大人也有因失落而落泪的时候，更何况是孩子。当孩子哭的时候，家长不要过于关注，不要将孩子哭了作为天大的事儿，无限放大。孩子哭时，家长要表现出平静的态度，刻意给孩子一定的安慰，但是不要表现得过于同情，好似自己也要哭了一样。这样一段时间后，孩子再哭，妈妈只需要抱一抱，他就会平静下来。

### 2. 锻炼孩子的语言表达能力

无论何种状态下，都要让孩子说出自己的心情，高兴时为什么高兴，哭了又是为了什么，然后给予适当的安慰。这样时间长了，孩子就能很好地表述自己的情绪，相对来说，他控制情绪的能力也会增强。

### 3. 父母的情绪不要极端化

父母情绪极端化，焦虑、紧张、愤怒、忧郁等情感都表现得过于明显时，对孩子也有很大的影响。所以父母一定要控制好自己的情绪，如果无法掩饰情绪，就要给孩子做好解释，否则懦弱的孩子会敏感地认为是自己触动了父母的情绪。

### 4. 减少对孩子的批评

父母不要过分批评孩子，对于懦弱的孩子更是如此。如果孩子跑去跟你"邀功"："妈妈，我刚才自己洗了毛巾，你看！"妈妈此时一定要忽视满地的水，微笑地表扬孩子，和他一起晒好毛巾，然后指导他如何擦干地上的水。

### 5. 不给孩子贴标签

给孩子贴标签是所有父母都应该忌讳的事，特别是给孩子贴上"懦弱""爱哭"等标签后，孩子会更加敏感，更加缺乏安全感。日常生活中，父母要就事论事，让孩子对事情有个全面的了解，这样更利于孩子的身心健康。

# 有理想的孩子更有进取心

有着强烈进取心的孩子，学习上充满了动力和自觉性，能够发挥出自身的潜能。即使不够聪明，他们也能够持之以恒，终会取得可喜的成绩。对于孩子的上进心，妈妈不但要能够发现和保护，还要善于激发和调动，鼓励孩子不断向更高的目标前进。那具体来说有哪些方法可以参考呢？

## 1. 帮助孩子树立切合实际的理想

作为妈妈，不能只关注孩子的衣、食、住、行和学业，帮孩子树立远大的人生理想也是不可缺少的一项任务。需要注意的是，孩子不同于成年人，不懂得把理想划分为短期目标和中期目标，不知道该如何将大目标与小目标结合起来。所以妈妈要随时为孩子指正方向，帮助他们按不同的年龄阶段划分自己的理想。

小迪很珍惜和妈妈一起聊天的机会。每到周末，母子俩都会找一个话题畅所欲言地聊上半天。最近，妈妈发现小迪有些萎靡不振，就选择了理想这个话题，来激励小迪。妈妈对小迪说："我这个年纪的人在小的时候都写过一篇题目是《我的理想》的作文。当时妈妈根本不能理解其中的意义，胡编乱造了一篇交上去。结果语文老师让家长看后签字，你外公又指导我重新写了一篇。虽然妈妈的理想有时候会被现实否定，偶尔自己也对它有些怀疑，但妈妈依旧对未来充满了憧憬。也许你们这个年纪的孩子把理想看作是虚无缥缈的东西，但妈妈要肯定地告诉你，有理想，绝对会让一个人的人生充实起来。"

听到这里，小迪若有所思地问妈妈："妈妈，我也有理想。我的理想是做一名出色的赛车手。所以我现在要认真读书，而且要接触有关赛车方面的知识，还要经常锻炼身体、保护好自己的眼睛，到了年龄再考取驾照。您说是这样吗？"

妈妈赞许地点头："说得很对！先要确定自己的理想，然后分阶段拟定目标，当所有目标都实现了，理想也就变成了现实。以后的路还有很长，你只要看准自己的理想，努力拼搏就可以了。我和爸爸永远支持你！"

小迪妈妈的做法非常值得借鉴。

### 2. 适时地表达自己对孩子的期望

孩子过生日、入学、升学等都是时机，妈妈可以利用这些时机祝贺孩子，向孩子灌输"你长大了，成大孩子了"的思想，同时提出新的希望。这会在孩子的心中植入一种奇妙的感觉，让孩子对自己提出一些新要求，并愿意努力去做好。

### 3. 在孩子心里树立起学习的榜样

榜样的力量是无穷的。当孩子有了阅读能力时，妈妈要引导他们多读一些名人传记。这会让他们从内心深处渴望成为一个了不起的人。榜样并不限于那些大人物，也可以是孩子身边的人，熟悉的人对孩子的影响会比伟人、名人更具体、更实际。当然，妈妈要注意自己的方式方法，不要因为错误的比较让孩子产生逆反心理。

# 良性竞争，让孩子健康成长

　　初中毕业后，李雷从农村来到市里的重点高中上学。以前的学校教学质量不是很好，李雷到了新学校，觉得很难适应，尤其是英语课，简直像鸭子听雷。这一切让他不知所措。第一学期期末考试，他没有一科及格，英语最惨，只有 35 分。这种打击对一向优秀的他来说实在太大了。他想，农村学生始终是比不过城里学生的。他开始苦恼和自卑起来，转而从小说里寻找精神寄托。沉溺其中的他成绩越来越糟，差点被学校开除。

　　李雷不想继续留在这里丢人现眼，决定放弃学业。母亲知道了他的想法，对他说："放弃学业的你和战场上的逃兵有什么区别？就算你休学，逃避了学习上的竞争，可以后呢？以后你还能接着逃避社会的竞争吗？还是你已经打算好了，做一辈子的逃兵也无所谓？"母亲的话激起了李雷强烈的自尊心。为了不让自己成为逃兵，为了证明自己并不比别人差，他开始刻苦学习。

　　本来就不笨的李雷最初成绩不好，只是因为没有适应新的环境。有了竞争意识的他不甘心落后于人，通过不断地刻苦努力，成绩自然提高了。高考的时候，他以学校有史以来最好的成绩考入了向往已久的大学。

　　竞争是生活中不可或缺的内容，是现代人基本的生存能力。如果李雷在暂时落后的时候，一味地逃避，那么很可能像他母亲说的那样，成为"一辈子的逃兵"。孩子对学习或某项活动甘心落后、怯于竞争，表现出动摇、胆怯、逃避等消极态度的时候，妈妈要让他们明白逃避不是解决之道，勇敢竞争才是应对之法。平时要多鼓励孩子参与多种形式的竞争活动，让他们在竞争中摔打自己，经受成功和失败的考验。

　　竞争意识是产生竞争行为的前提。每个人都会有一种渴望成功的愿望和超过别人的冲动，这是鼓励自己前进的驱动力。生活中，妈妈要树立孩子的拼搏精神和竞争意识，让他们不甘落后，敢于脱颖而出，争当"出头鸟"。

　　有竞争，就一定会有竞争对手。面对竞争对手，妈妈应该引导孩子改变敌对的心态，而将对方视为学习的动力、目标及榜样。妈妈可以让他们积极学习竞争对手的优点，主动与对手合作，向对手请教问题等。学会处理竞争与合作的关系，也会为孩子以后的学习和工作奠定良好的基础。

　　新学期开始了，读初二的雯雯下决心把自己的成绩提高到班里前五名。妈妈问她："现在班里前五名的同学就是你的竞争对手，想要超过他们先要了解他们、虚心向他们学习。他们与你相比有哪些优点呢？"

　　雯雯说："第五名的同学学习很主动，也很刻苦，课堂上总是举手发言，遇到不懂的问题会虚心向老师和同学请教；第四名的同学听课时注意力非常集中，学知识不死记硬背，能举一反三；第三名的同学非常珍惜时间，还喜欢看课外读物……"

雯雯说完，妈妈告诉她："现在你知道自己该怎么做了吧？知己知彼，心里就有了底；学人之长，胜利就有希望。"

雯雯恍然大悟。在妈妈的启发和帮助下，雯雯通过对比，找出了自己与别人的差距，学习起来也更加刻苦，成绩提高得很快，最终在期末考试实现了自己的目标。

可见，聪明的家长在鼓励孩子竞争时，会启发孩子从竞争者身上学习自己所不具备的长处，这样，才能取得更好的效果。

此外，家长还要让孩子明白，竞争不应是自私狭隘的，不应玩阴险耍手段，而应有广阔的胸怀，以实力超越；竞争并不排除协作，单枪匹马的强者是孤独的，也是不易成功的。要引导孩子与自己比较，从实际出发，在个人原有的基础上不断取得进步。同时，还要帮助孩子正确面对竞争中的得与失，成功了，不骄傲，能想到今后还会出现新的竞争；失败了，不灰心，更不嫉妒成功者，接受他人先于自己成功的事实，并视对方为自己学习的榜样。

# 别压抑孩子，陪他一起发泄不良情绪

任何人都需要被理解，虽然孩子年纪还小，可是他也有苦恼，而且正因为他只是个孩子，有时甚至他连自己的苦恼是什么都无法清楚地表述出来，所以会出现闷闷不乐、大哭大闹、不合作、发脾气、不讲道理等表现。有些家长一见就开始烦了，马上采取命令或呵斥的手段，试图制止住孩子的这种情况，其实这样会让孩子更加情绪不良，所以，你应该在此时更多地关注孩子。

## 1. 当孩子哭泣时

孩子哭闹，多半是受了委屈或者某种欲望得不到满足，通常都是为了眼前的事情。有些父母一见孩子哭了，就非常着急，一直问孩子怎么了，谁欺负他了；有的还会强行禁止孩子哭泣："这么大了还哭，丢不丢人？""不许哭！""赶快闭嘴！""又不是大事，犯得着哭嘛！"结果这么一说，常常是孩子哭得更厉害了，什么也不愿意跟父母说了，父母只能在一边干着急。

孩子哭是很常见的事，家长应该停下手边的事情，关切地看着他，如果孩子一直哭而不说话，家长可以轻轻地把他搂在怀里，或者温柔地抚摸他的头，用充满爱抚的目光注视着他，同时温和地鼓励他抬头望着你，感受你对他的爱。等孩子情绪放松后，你对他的爱抚和关切会直接进入他的内心，他也更容易说出自己最糟的感觉。

8岁的可可有一个急脾气的妈妈，每次可可只要哭着回到家里，她的妈妈就立刻问个没完没了，非要马上把原因问出来不可，可结果往往是孩子哭得更厉害了。这一天，可可放学回家，一进门就一边哭一边冲着妈妈大声嚷道："妈妈，我再也不去上学了！"奇怪的是，妈妈并没有开口问她为什么，而是招手让她走过去，示意她把事情的原委讲给她听。

可可虽然不知道这是为什么，但还是乖乖地走到妈妈身边，把头伏在妈妈的腿上，哭得更伤心了，边哭边诉说："今天本来轮到小池打扫教室的卫生，但老师误以为是我，因为教室的地板没扫干净，他把我批评了一顿！"

妈妈没有说话，只是轻轻地搂住了可可，抚摸着她的头发。可可也不再说什么，只是伤心地哭着。在妈妈的爱抚下，可可渐渐止住了哭泣。几分钟后，可可站了起来，擦了擦眼睛，像个没事儿人一样去看电视了。

原来可可的妈妈得了咽喉炎，嗓子哑了，医生叫她少生气，不要说话。可可回家时，她刚吃完药，听到女儿的抱怨，她本想问问这是为什么，想要指责她肯定是在学校表现不好了，想安慰孩子不要哭了，但因嗓子疼说不出话，只好静静地听着孩子的哭诉。

以前为了止住孩子的哭声，她可是想尽了办法，结果也没有作用。然而，自己这次什么都没有跟孩子说，孩子怎么这么快就变好了呢？可可的妈妈百思不得其解。

## 2. 当孩子恐惧时

恐惧是孩子成长过程中普遍存在的一种心理现象，对于家长来说，一定要接受并尊重他的心情，尽可能地说一些确信你们一切都好的言语，用鼓励的眼神看着他，告诉他你就在他身边，不需要害怕。这样，孩子便能摆脱恐惧重获轻松，从而意识到父母是自己的坚强后盾，从感情上更加亲近父母。

当然，在孩子恢复常态之后，家长应该引导孩子以正确的态度面对令他感到恐惧的事情，让孩子以一种新的领悟去静静地观察、倾听和接触事物，进而不再产生害怕的情绪。

## 3. 当孩子愤怒时

孩子发怒的时候，父母一定不要斥责他们，而应该保持冷静。愤怒中的孩子可能对父母说一些恶言恶语，有时甚至对试图靠近自己的父母拳打脚踢。家长这时不要生气，不要不理不睬，一走了之。这样做，不利于孩子情绪的发泄，孩子会压抑自己的情绪，也会觉得父母并不关心他，以致情绪更加糟糕。这时父母要努力靠近孩子，向他表明你要和他在一起，他对你很重要。

父母看到孩子的情绪缓和了，就要引导着孩子，让他把内心的怒气和不满发泄出来，听他说些什么，看他说得是否有道理，再看看自己能做些什么。

父母一定要记住，不要尝试和一个愤怒的孩子讲道理。否则的话，就可能导致问题的升级。父母只需要爱抚他、关注他，留在他身边，允许他大发雷霆。在孩子发泄了自己的情绪后，就能恢复平静，从而理智地面对自己面临的问题。

# 赋予孩子说"不"的权利

生活中，有些家长知道应该给孩子话语权，所以，在家里有什么事情或者安排时，也会征求孩子的意见。但是，只要你仔细观察就会发现，这些权利只是象征性的。

一家三口坐在一起吃晚饭，父母都把好吃的菜夹给了女儿，然后爸爸妈妈边吃边聊，就女儿的教育问题开起了一次"餐桌会议"。

"咱们的闺女马上就4岁了，得让她学点什么了。"妈妈首先发言。

"让孩子去学舞蹈吧。"爸爸说道。

"宝贝儿，你觉得怎么样？"妈妈很民主地问孩子。

"我不想学舞蹈。"

"不行，必须得学舞蹈，这对培养你的气质、陶冶你的情操很管用。"

"让孩子学学女子防身术吧，这对孩子的体质有好处。"爸爸又说道。

"宝贝儿，你的意见呢？"

"我不想学防身术。"

"不行，必须得学，这不仅能提高你的身体素质，还能保障你的人身安全。"

孩子不高兴地撇了撇嘴。

"我看让孩子再学学画画吧，对培养孩子的性情有好处。宝贝儿，你觉得怎么样？"妈妈问道。

"我不想学画画。"

"算了，算了，我是听出来了，你就是啥也不想学，整天就知道玩是吧。好了，你吃完了吧，吃完赶紧回屋去，该干吗干吗，大人们商量事情，你别瞎搅和。"

其实，有些父母虽然给了孩子话语权，但是仅仅给了孩子点头同意、举手通过的权利，却没有给孩子否定的、说"不"的权利。在他们看来，这样才是理想的生活场景：家长在说出自己的意见或安排后，在征求孩子的意见时，孩子马上欣然同意，于是事情在友好、和谐的气氛中被确定下来。如果孩子突然说"不"，就等于将家长已经精心准备的即将付诸实施的方案否定了，打乱了家长的原计划，这时家长可能就会罔顾孩子的意见，责怪孩子打乱了自己的安排和计划，强迫其执行自己的原计划，并且可能就此将孩子的话语权"封杀"掉。

有的父母还简单地以"是否听话"来判定孩子是好是坏，好孩子就是听话，家长怎么说他就怎么做；坏孩子就是不听话，处处反驳家长。其实，既然家长给了孩子话语权，允许孩子发表意见，就应该既允许孩子说好话，也要允许孩子说坏话。既允许孩子遵从家长的意见和安排，也要允许孩子否定或反对，允许他们说"不"。

孩子敢于对比自己强的人说"不"，是个性的显露，是自我意识的抗争，说明孩子已经有了独立的意识，开始用自己的头脑思考了。一个"不"字是孩子在发出自己的"独立宣言"。允许孩子说"不"，有助于他自主、独立个性的发展，有利于孩子健全人格的成长。此时，我们绝不能强迫孩子接受自己的观点，按自己的要求去做。否则，孩子可能就会变得没有主见，不敢表达，失掉"野性"与个性，只会在心理上依赖别人而生存。

有时候，孩子说"不"是有他的道理的，家长要耐心地听，并进一步询问原因，让他们表达出自己的理由。如果孩子理由很正当，就应该听从。

当然，孩子的"不"并不永远是对的，家长还是要设立一定的界限，不是每次孩子说"不"，家长都要妥协。如果孩子说出的理由不正当，家长要从理由上反驳孩子，向孩子讲明原因，而不是直接打击孩子、剥夺孩子的发言权。

# 无意间的"嘲笑"会伤了孩子自尊

有些时候，一些妈妈会因为孩子的失败而觉得自己面子受损，便对他们大声呵斥；孩子干了件幼稚的事，也被一些妈妈拿来当作和朋友之间的谈资。她们把这看作是很平常的事，觉得不说严重点孩子不会往心里去，或者认为孩子是自己的，拿孩子的事开个玩笑也无所谓。事实上，这些有意或无意的举动很容易对孩子造成伤害。

孩子天性敏感，如果他们将那些来自最亲近的人的嘲讽当真，那些话语对他们来说无异于一把无形的尖刀，会深深地刺伤孩子的心。即使他们知道那些只是妈妈的无心之语或者只是个玩笑，也会觉得自己的人格没有得到妈妈应有的尊重。而一个习惯以讽刺的态度批评孩子的妈妈，又怎么可能得到孩子真心的尊敬呢？

让我们来对比一下两位妈妈的不同做法。

5 岁的小俊因为紧张，在"宝宝才艺大赛"上的小提琴表演出现了失误，曲子还没拉完他就哭着跑下了台。台下的妈妈非但没有安慰他，反而当着老师、小朋友和其他家长的面，气急败坏地指责他："在家还拉得好好的，怎么一上台就全忘了？这么多天都白练了。你可真是够笨的，居然还有脸哭！"

8岁的家栋小小年纪已经是小学四年级的学生了，而且品学兼优，深受老师和同学的喜爱。学校的运动会，家栋报名参加了短跑比赛，却得了最后一名。这让家栋在很长一段时间都很难过。"儿子，还在为运动会的事难过吗？"妈妈问。"是啊，我居然得了最后一名，太丢人了。""你有没有想过为什么会这样呢？"妈妈说，"你比参赛的其他同学年纪都小，他们比你长得高大，腿也比你长很多。我问过你的体育老师，他说你是同龄孩子中跑得最快的，姿势也很棒。这场比赛对你来说并不公平。妈妈相信，等你到'四年级的年纪'时，一定跑得比他们快。"听了妈妈的话，家栋很快就从失意中走了出来。

小俊妈妈的做法就是最不可取的，在她看来，孩子成绩的好坏事关自己的"脸面"。所以，孩子一旦做错了便指责、埋怨甚至挖苦，而这样只能给孩子的心理蒙上阴影，还有可能导致小俊对拉小提琴彻底失去信心。

明智的妈妈应该像家栋的妈妈学习，首先要保持平和、坦然的心态，帮助孩子找到问题的症结，用鼓励、循循善诱等方法帮孩子摆脱失意情绪。"其实开头的段落你拉得还是不错的。因为这是你第一次当着这么多老师和小朋友的面表演，所以紧张是难免的，以后再有几次这样的机会，你就会慢慢适应了。"如果小俊的妈妈能这样肯定小俊的成绩，相信小俊一定能够做到再接再厉。

孩子正处于性格形成期，虽然还不够成熟，却有着强烈的尊严需要。来自语言的伤害不像皮肉伤害可以一眼看到，正因为如此，有些妈妈往往忽视了自己的言语可能给孩子带来的精神创伤，殊不知，它比皮肉上的痛楚造成的后果更为严重。即使妈妈的"语言攻击"已经停止，伤害仍然会在孩子内心存在，甚至会像一个巨大的阴影一样笼罩孩子一生。所以妈妈在任何情况下都不要讽刺、嘲笑孩子。

# 拟定作息时间表，让孩子有时间观念

良好的行为习惯不是一朝一夕就能形成的，往往要经过长年的、反复的操作实践，重复又重复才能固定下来。孩子一旦错过幼年、童年的习惯养成关键期，以后再培养生活习惯就很痛苦了。充足的睡眠和有规律的作息习惯无比重要。妈妈应当在孩子小的时候就开始帮孩子建立起早睡早起的生物钟。

还在上幼儿园的家乐是个小故事迷。每天从幼儿园回到家，他做的第一件事就是打开爸爸的电脑，津津有味地听有声故事。上床睡觉的时间到了，他还是不愿意离开电脑桌，一直要听到很晚才肯睡。

为此，家乐的爸爸妈妈多次劝说无效，有时候只好用家长的权威来"命令"他上床睡觉。家乐无奈，只好极不情愿地上床，可是上了床却还是翻来覆去不肯睡，死缠硬磨地让爸爸妈妈讲故事给自己听。为了能让家乐早点入睡，家乐的爸爸妈妈就和他约定讲完多少个故事就乖乖睡觉，家乐答应得很痛快。一开始，家乐还能满足，后来就不行了。故事从3个增加到5个，而过于简单的故事家乐还不接受。就这样，爸爸妈妈只好讲些长故事给家乐听。结果等最后一个故事讲完，家乐是心满意足了，可都快到夜里十一点了。

到了第二天该起床的时候，家乐总是喊困，想赖床多睡一会儿。渐渐地，晚上睡得晚，早上起不来，白天精神不济成了恶性循环。

良好的作息习惯有利于孩子的身体健康，还能保证孩子有充足的精力用来学习，但它需要逐步养成。为此，妈妈需要做到以下几点。

### 1. 以身作则，兼顾孩子的情绪

妈妈可以和孩子一起拟定作息时间表，要求孩子严格执行，妈妈要为孩子做表率。一些孩子特别想看的节目，妈妈可以在周末时给孩子看回放。有时孩子做游戏或是看书正到兴头上，妈妈强制他们立刻上床睡觉的做法是行不通的，最好事先提醒孩子，让孩子有个心理准备。

### 2. 为孩子营造良好的睡眠环境

要培养孩子按时上床、上床即可入睡的好习惯，应为他们提供一个舒适、安静的环境，卧室和床铺要符合他们的要求；不要让孩子养成开着灯睡觉的习惯；睡前可以播放一些轻柔的乐曲。

### 3. 注意调节孩子的睡前饮食

晚饭不要让孩子吃得过饱；睡觉前的一个小时内，不要让孩子吃夜宵，巧克力等零食也不要让孩子在睡前食用。这些都不利于他们的休息和身体健康。

### 4. 不要在睡觉前刺激孩子的情绪

要提前让孩子做好洗漱等睡前准备工作。不要训斥孩子，这会让孩子很长时间才能平静下来。只有让他们身心放松，他们才能很快入睡。

# 及早纠正孩子挑食，但别操之过急

大多数孩子在成长过程中都会有一些挑食的行为，这种情况非常容易导致孩子吸收的营养不全面，影响孩子的正常生长。对此，妈妈应该积极引导和教育。

4 岁的璐娜自从去爷爷家过暑假回来后，就变得挑食了。就拿牛肉来说，原来璐娜虽然谈不上有多喜欢，但也绝不讨厌，可现在她明显排斥牛肉。因为奶奶曾经在她吃牛肉的时候说了声"那可是牛肉啊"，璐娜从奶奶的话里感觉到牛肉是挺难吃的东西，以后就再也不肯吃牛肉了。妈妈装作没注意到璐娜不吃牛肉这个问题，毫不在意地该做牛肉还是继续做。

吃饺子之前，璐娜问妈妈是什么馅的，妈妈没有骗她，告诉她是牛肉萝卜馅的，她就不肯再吃了。妈妈就另外做了别的东西给她吃。

后来，妈妈知道璐娜爱吃炸酱面，就用牛肉做了肉酱。因为过去妈妈从来没用牛肉做过肉酱，所以璐娜吃之前也没想到要问妈妈用的是什么肉，而且吃得很香。

看璐娜吃完面了，妈妈才故意对璐娜的爸爸说："家里的猪肉都用完了，去超市又来不及，我就用牛肉做的肉酱，没想到还真好吃。"爸爸也点头称是。璐娜听了有些不高兴，但是面已进肚，她再抗议也晚了，只好接受了。

过了两天，妈妈还买来了半成品的牛肉串，用烤箱烤得满屋飘香。妈妈对爸爸使了个眼色，爸爸马上会意："吃这么香的肉串，我得喝瓶啤酒。"璐娜禁不住诱惑，也拿起牛肉串大口吃起来。就这样，妈妈渐渐改掉了璐娜挑食的坏习惯。

当孩子对某种食物表示厌恶时，妈妈不要急于找替代品，可以像璐娜的妈妈一样，装作不知道，甚至找机会暗示孩子他很喜欢吃那个，比如，当着不爱喝牛奶的孩子的面对别人说："我家图图不挑食，什么都爱吃，一口气能喝下一大杯牛奶。"

有些妈妈喜欢在饭桌上和孩子讲条件，"不把菠菜吃完，就不给你吃肉"，但实际上，这种话只能让孩子更讨厌吃菠菜，如果反过来说"必须吃完肉才给你吃菠菜"，这样反倒会引起孩子对菠菜的兴趣。在饭桌上为饭菜划分等级的行为也应当避免，妈妈不要对孩子说"这个有营养要多吃，那个没营养要少吃"，如何让饭菜有营养是妈妈在做饭时需要下的功夫，当饭菜端上了桌，就要允许孩子自己选择，以免影响孩子的口味与偏好。

另外，妈妈要告诉孩子偏食可能会给他们的成长带来的影响，比如发胖、长不高、头发枯黄、气色不好等，这会让孩子有意识地避免挑食的情况。

由于孩子正处在生长发育的重要时期，有些妈妈特别怕孩子饿着，除了高脂、高热量的正餐外，还要给孩子准备大量的零食，导致热量过剩的孩子变成了"小胖墩"；还有些妈妈纵容孩子挑食的习惯，让孩子变成了风一吹就能倒似的"豆芽菜"。这些都是不利于孩子健康成长的。妈妈应该参阅相关书籍，在准备饭菜时尽量保证各种食物的营养均衡搭配，合理安排孩子的饮食。除此之外，孩子的饮食结构还应随着年龄的增长、身体的发育做出相应调整，以保证孩子生长发育的需要。

# 远离肥胖，鼓励孩子坚持运动

当下，生活水平越来越高，孩子衣、食、住、行的需求在经济上都不成问题。但面对电视、电脑、手机的诱惑，运动不足成了很多孩子的通病，"小胖墩"和"豆芽菜"也越来越多。作为妈妈，要想方设法引导孩子多运动，让他们养成锻炼身体的好习惯。

首先，要让孩子对运动感兴趣，并支持他们的兴趣爱好。很多时候，孩子不愿意运动的原因就是觉得体育锻炼枯燥乏味。而事实上，体育运动的种类是非常多的。妈妈可以同孩子一起观看不同的体育比赛、一起跑步打球等，以发现孩子的兴趣所在；还要量力为孩子的体育活动创造物质条件，比如，给他们买乒乓球拍、跳绳、球类等。妈妈要让孩子把运动当作有趣的事来做，而不是一种负担。

暑假的一天，吃过晚饭，妈妈拉着在家看书的乾乾出门散步。走到河边的广场，乾乾看到很多同龄人踩着滑板自在地穿行，还有些孩子不时地做出些花样动作来，博得阵阵欢呼声。妈妈见乾乾看得入迷，就问他想不想学一学，乾乾很兴奋地点点头。

第二天，妈妈带着乾乾报了一个滑板训练班。一开始，乾乾还信心满满，但摔了几次跟头后，他就打起了退堂鼓。这时，妈妈鼓励他："摔跤是每个人都必经的阶段。你刚学走路的时候不也经常摔跤吗，可现在走得多稳。只要你熬过这个阶段，就能像其他人一样随心所欲地操控滑板了。妈妈相信你，别人能做到的，你也一定行！"

一个假期过去了，乾乾终于成功了。每个晚上，都能在广场上见到他快乐的身影。原本内向的他变得开朗起来，在学习上也比原来更用功了。

鼓励孩子坚持运动，不一定局限在跑步、踢球等常规项目上，还有很多运动项目可以让孩子乐在其中。孩子只有热爱运动，才能坚持下去，把一时的兴趣转化为稳定的习惯。

其次，可以用集体运动的方式，让孩子在相互竞争和监督中保持运动的激情。

小海是个小胖墩，妈妈想让他通过运动来减肥，可他对运动提不起一点兴趣，每次都要妈妈反复催促才肯出门，常常是锻炼了不一会儿就嚷着要回家。看着小海越来越笨重的样子，妈妈很担心。

一次偶然的机会，小海妈妈认识了一位做乒乓球教练的母亲。原来她也在为自己的儿子不爱运动而苦恼。小海妈妈提议让两个男孩一起运动，也许这样会促进他们的积极性。于是，以"带你出去玩"为由，妈妈带小海参加了一次乒乓球训练，当然也叫上了那位教练的儿子。不出所料，聊得很投缘的两个男孩凑在一起玩得很开心。为了让他们更有积极性，小海妈妈还让两个男孩叫上自己的朋友一起参与进来。

半年过去了，男孩们都变得强壮了，运动技能也提高了。每次运动，小海都很主动，再也不用妈妈督促了。

需要注意的是，指导孩子进行体育锻炼时要讲究科学性。孩子尚处于发育阶段，家长不要让孩子超负荷地运动。开始时要避免长跑、打篮球、踢足球等剧烈的运动项目，这些运动消耗能量较多，不利于孩子肌肉、骨骼的生长，应以锻炼平衡性、柔软性和灵巧性的运动为主，比如，游泳、打乒乓球、骑自行车等。随着年龄的增长，当孩子的身体素质得到改善后，就可以让他们参加其他大运动量的运动了。

# Part 09

世界没有那么好，教孩子保护好自己

# 培养孩子镇定自若的品质

镇定自若的孩子，无论在学习、工作还是生活中，遇事都能够用恰当的方法"自救"或"他救"，让自己脱离困境，不让家人为自己担忧。而现实生活中，仍然存在着一些不懂得变通、不能够沉着应变的孩子。他们遇到突发状况时，往往会不知所措、无计可施，只会用哭鼻子的方式等待别人帮忙或是期待事情自己出现转机。

多多是小学三年级的学生，在家长和老师眼里是个地地道道的乖孩子。寒冬里的一天，多多的爸爸妈妈因为她的爷爷突发疾病住院赶去医院护理，直到天黑也没回来。多多放学回到家敲门没人应，自己又没带钥匙。进不去家门的她也不敢去不熟的邻居家等爸爸妈妈。又冷又饿的多多眼看着天色越来越黑，忍不住哇哇大哭起来。等爸爸妈妈到家时，已经是晚上 11 点钟了，多多因为着凉发起了高烧，爸爸妈妈只好连夜把她送去医院。

其实多多有很多办法可以用，她可以用公用电话给爸妈打个电话，或者是打给亲戚询问爸妈的消息，也可以给爸妈留个字条再去朋友家。但显然，她缺少足够的应变能力。事实上，孩子镇定自若的品质是可以通过妈妈的培养逐渐养成的。那么，妈妈该从哪些方面下功夫呢？

### 1. 妈妈要为孩子做榜样，不要动辄大惊小怪

培养孩子镇定自若的品质，妈妈自己首先要做到放平心态，遇事不慌张。如果妈妈总是大惊小怪的话，孩子受到影响，也容易变得遇事慌乱、小题大做。若养成这样的习惯，孩子是很难遇事沉得住气的。

生活中，当孩子出了一点小状况的时候，如果能确定他们可以自己处理，妈妈就不要主动插手，更不要大惊小怪。有时候，妈妈的"帮忙"反倒会吓着孩子，让孩子失去自己理性判断的机会，跟着一起惊慌失措。

### 2. 妈妈应该有意识地告诉孩子一些简单的自救措施

可以买一些关于自救方面的书给孩子看，或者教孩子一些地震、火灾等情况下自我保护或自救的方法；带孩子外出游玩时，可以告诉他们一些野外自救措施，比如误入沼泽该怎么办。

2011年，美国一名10岁的女孩在自己母亲昏迷不醒的时候，果断拨打911寻求帮助，并立即用从热门医疗剧中学到的知识对母亲实施了心肺复苏术，帮助母亲脱离了危险。2012年，美国一名6岁的女孩利用从一个儿童节目上偶然学到的海氏急救法帮助吃苹果噎到的同学摆脱了险境。

孩子拥有镇定自若的品质不仅能够保护自己，同样可以帮助身边的人。妈妈需要有意识地在这方面加以培养。

### 3. 妈妈可以经常和孩子一起做一些思维游戏

现在，很多亲子游戏书里都有一些推理类、数独类、猜谜类等游戏。这些游戏能够训练孩子的判断推理能力，可以帮助孩子在紧急状况发生的时候做出理性的判断。一些妈妈不喜欢孩子读侦探小说、看破案类的动画片，其实，这些对培养孩子的推理能力是有好处的。

### 4. 妈妈要有意识地让孩子做一些力所能及的事

比如，接听家里的电话、给邻居送信、去超市买水果、自己去学校报到等。通过这些活动，孩子知道可以依靠自己的力量完成很多事情，以后遇到难题时，也能够保持冷静，想办法解决问题或保护自己。

# 让孩子远离校园暴力的伤害

　　最近，天天妈有些担心，因为她发现刚上小学六年级的天天在短短半个月内就有两次是带伤回家的，问他原因，他却支支吾吾，只说是自己不小心摔的。虽然天天妈有些怀疑，但见天天那样说，也就没有深究。

　　谁知没过几天，天天就又"挂着彩"回来了。这次与前两次不同，不但胳膊、腿上有伤，就连脸上也有一处明显被拳头打过的伤痕。在妈妈的不断追问下，天天终于哭着讲起了事情的经过。

　　原来，初中部有几个学生，在学校里一向以"老大"自居。他们不但常常欺负本年级的同学，还经常跑到小学部去收"保护费"，哪个孩子若是不给，他们就会去放学的路上堵，若是再不给，就用拳脚伺候。打完之后，还不许告诉老师和家长。

　　天天妈听完后，又是心疼，又是气愤：现在的孩子都怎么了，怎么能做出这么暴力的事情呢？

校园暴力事件时有发生。据一份统计资料显示，近年来青少年犯罪总数已经占到了全国刑事犯罪总数的 30% 以上，其中，在校学生犯罪案件又占到了青少年犯罪案件总数的 70% 以上，并且呈上升趋势。

随着校园暴力案件的不断发生，家长们应该怎么做，才能让孩子远离校园暴力的侵害呢？建议做到以下几点。

### 1. 跟孩子讲讲如何避免校园暴力

家长可以有选择性地给孩子讲一些校园暴力伤害的案例，让孩子对这件事有所警醒，然后有意识地教孩子一些避免遭受校园暴力侵害的办法。比如，在学校里要少去楼梯间、操场角落等这种少有人出入的地方，以免给校园暴力者可乘之机；和同学要和睦相处，不打小报告，不道他人是非，一旦和同学发生冲突，要及时消除误会；平时不要炫富，因为招摇的人往往更容易成为校园暴力者攻击的目标；交友要谨慎，少与行为不端的人交往。

### 2. 鼓励孩子勇于向大人求救

在面临校园暴力的侵害时，很多孩子都会选择忍气吞声，即便有人过问，他们也会因为害怕引来更大的报复和难堪而三缄其口。然而，在诸多校园暴力案件中，那些受伤害最严重的孩子，往往都没有向大人求助。所以，家长在教孩子如何避免校园暴力时，还要告诉孩子，一旦发生校园暴力，要懂得及时向大人求救。而且要让孩子相信，大人是能彻底处理好这件事的。

### 3. 给孩子足够的安全感

一个能规避校园暴力的孩子，一定是个安全感十足的孩子。校园暴力的受害者，往往都是那些性格懦弱、缺乏安全感的孩子。

所以，家长想要让孩子远离校园暴力，就要给予孩子足够的安全感。比如，给孩子提供一个安全、稳定的家庭环境；当孩子在学校遇到困难向家长求救时，家长要及时赶到学校，给予妥善处理，等等。

### 4.多关注孩子在学校的动向

家长平时要多和老师联系沟通，及时了解孩子在学校的情况。此外，也要对孩子本身多做关注，比如，看他身体上是否有不明伤痕，问起学校情况时，他是否闪烁其词，是否有不愿上学等行为。一旦发现异常，家长不能上来就骂孩子，而是应该给予适当的关心，并试探着询问原因，最终提出解决办法。

### 5.让孩子学点防身技能

当孩子真正面临校园暴力的那一刻，能保护他们的，只有他们自己。所以，为以防万一，家长们不妨让孩子在课余学一些防身技能，比如，学学跆拳道、散打之类的。尤其是女生，更要学一点防身本领，因为这个到什么时候都能派上用场。

如果你的孩子已经遭受了校园暴力，那么一定要做好心理疏导，帮他排除心理阴影，并且保护他免于受到二次伤害。

# 让孩子学会应对突发事件

　　星星妈经常有意识地给星星灌输应对突发事件的方法，比如，经常会问他类似"如果你没带家门钥匙，妈妈又不在家，你会怎么办"的问题，对此，星星总会想出一些办法，比如，去同学家、打电话求救，等等。可等真遇上了，就没那么简单了。

　　就在前几天，星星因为感冒在家休息，没去上学。星星妈安排他吃了药就去上班了，结果快到下班时，星星突然出现在了妈妈的单位，还穿着拖鞋。原来，他出门去小卖部买东西时忘了带钥匙，把自己锁外面了。于是，他穿过好几个十字路口，找到了妈妈单位。回家后，妈妈和星星进行了讨论，讲明了去找她的危险性，并提出了解决这个问题的更好办法。结果没过几天，星星上学又没带钥匙，又进不去家门了。不过，这次他聪明多了，知道借别人的电话打给妈妈了……

　　在生活中，孩子都可能会遇到突发事件，但很多时候，孩子遇到的突发事件远非忘了带钥匙那么简单。如果遇到突然失火、被坏人盯上等这些我们无法控制的事情，孩子是很容易受到伤害的。所以，为了将突发事件可能带来的损害降到最低限度，家长必须培养孩子应对突发事件的能力。那么，如何才能让孩子在遇到突发事件时，尽量少受到伤害呢？建议参考以下几点。

### 1. 培养孩子冷静的心态和应变能力

家长在日常生活中，应有意识地培养孩子冷静的心态和应变能力，告诉他，无论发生什么事都不能慌，要冷静思考解决问题的办法。对此，家长平时可以让孩子独自去承担一些事情，以增强孩子处理问题的能力。

### 2. 增强孩子的防卫意识

在孩子童稚的世界里，也许还根本不知道什么叫危险。所以，家长在平时要努力增强孩子的防卫意识，比如，告诉孩子，不要随便吃陌生人递过来的东西；不要接受陌生人的"热心"帮忙；不能随便去没人的地方或陌生人的家中；发现有陌生人尾随，要想办法把他"甩"掉，等等。

### 3. 教孩子学会求救

面对突发事件，最简单的解决办法就是向别人求救。所以，家长平时应该给孩子灌输一种意识，就是万一遇到自己解决不了的事情，要及时向别人求救，比如，迷路要找警察叔叔；着火时要打 119，等等。此外，还要让孩子记住父母的电话、家庭住址等，因为孩子遇到突发事件时，能想起来的求救人，第一个就是父母。

### 4. 教孩子一些具体的应对方法

对于一些突发事件，家长要给孩子灌输相应的应对方法，比如，和家长走散了，要原地不动，等着家长回来找自己；遇到地震，要立刻躲到结实的床、桌下，或跨度较小的卫生间、厨房；遇到火灾，要拿一块湿毛巾掩住口鼻，迅速离开着火地点；遇到有人抢劫，要乖乖地把钱给他，尽可能地表现出顺从、听话的样子，等等。懂得了这些自救方法，孩子遇到突发事件时，就不会手足无措了。

# 教育孩子珍爱生命，远离交通伤害

11 岁的男孩丁丁和同学放学后，骑着自行车回家。骑到半路一处少有车辆经过的路段时，丁丁提议"飙车"比赛，大家纷纷响应。然而，就在大家骑得正欢时，后面开来了一辆大货车。丁丁和小伙伴们急忙向路边躲闪，没想到几辆自行车竟然撞到了一起，几个孩子重重地摔到了地上。结果丁丁的脚被压在车轮下，严重扭伤，而其他几个孩子，也有不同程度的擦伤和摔伤……

故事中，丁丁因为缺少交通安全知识，在马路上就跟同学"飙车"，结果伤人伤己。幸好路上车不多，否则后果难以想象。

近几年来，交通事故已是继溺水、中毒等原因之后，造成少年儿童意外伤害的又一大因素。据一项不完全统计显示，我国每年因意外伤害而死亡的儿童占儿童死亡总数的 26.1%，其中，交通事故在众多意外伤害中已居于首位。可见，加强对孩子的交通安全教育，让孩子掌握必要的交通安全常识，已成当务之急。那么，家长在给孩子灌输交通安全方面的知识时，要注意哪几方面呢？建议参考以下几点。

### 1. 让孩子熟记交通规则

有些孩子之所以不注意交通安全，主要是因为他们对交通规则不熟悉的缘故。所以，为了避免交通事故的发生，家长一定要让孩子了解并记住一些交通规则，比如，红灯停，绿灯行；横过马路时，不能在没有人行横道标志的地方随意穿过，一定要走人行横道、斑马线或过街天桥、地下通道；车辆过来时，不能急抢快过，要主动停下来让车先行；不能在马路上玩耍、踢球、追逐打闹、猛跑、飙车；不能翻越马路上的交通隔离设施；坐车时不能把头、手伸到窗外等。

### 2. 教孩子安全走路

小孩子由于好奇心强，走路时往往喜欢东瞧瞧、西看看。可是这很容易让孩子忽略身边的危险，以致有车过来时，来不及躲闪，最终发生车祸。所以家长一定要告诉孩子，走路时东张西望，或者一边走路一边看书或手机都是非常危险的行为，为避免发生交通事故，一定要集中注意力，靠人行道右侧行走。

### 3. 把交通知识融入日常生活

给孩子灌输交通安全知识时，不仅要把那些规则讲给孩子听，还要联系实际情境，进行现场教育，比如，接孩子上下学时，可以带孩子一边走，一边指出哪些是危险地段，一定要提高警惕；哪些路段没有红绿灯，过马路时一定要懂得避让车辆，等等。只有这样，孩子才会对交通知识有一个明确的认识，而非单纯的概念。

# 了解校园绑架，让孩子冷静面对

校园绑架案件时有发生，为什么会这样呢？公安部门解释称：中小学生易于控制，而且能在不法分子的恐吓下任其摆布。然而很多孩子缺少这方面的常识，当他们遭遇绑架时，根本不知如何应对。所以，家长不要以为绑架事件离自己很遥远就将其忽略，应该多给孩子讲一些相关知识，让孩子冷静地面对突发事件。具体可参考以下几点。

### 1. 和孩子讲讲绑架事件

要想教孩子正确应对绑架事件，就应该先让孩子明白什么是绑架。但是，家长在跟孩子讲绑架这件事情时，要注意方式，千万不能渲染细节，吓到孩子。

### 2. 教孩子学会防范

想要孩子远离校园绑架的侵害，教孩子学会防范很重要。总的来说，要注意三点：一是不能露富，比如，背个几百上千的书包，穿名贵的衣服和鞋子等，这样的事情要尽量避免，否则很容易成为绑匪的目标；二是要和大家待在一起，不离开小伙伴，因为绑匪往往都会对单独行走的孩子下手；三是不要和陌生人说话，如果有陌生人和自己说什么，一定不能相信。

### 3. 让孩子保持镇定

虽说远离绑架，重在防范，但家长要告诉孩子，万一发生不幸，一定要保持镇定，做到不慌、不喊、不动，因为如果过度挣扎、反抗，可能会引起歹徒恐慌，进而产生生命危险。

### 4. 教孩子与绑匪斗智斗勇

家长要告诉孩子，万一被绑架，要学会与绑匪斗智斗勇，让自己尽量少受伤害。比如，要试着争取绑匪的同情，使绑匪放松警惕，而不是一味地用过激的言辞去激怒绑匪。另外，要该吃吃、该喝喝、该睡睡，以便为自己找机会逃跑养精蓄锐。

### 5. 让孩子找机会逃生

家长要告诉孩子，万一被绑架后，要做到外松内紧。外松，即上两条所说的，是做给绑匪看的；内紧，则是指内心不能真的放松警惕，而应该时刻思考着如何才能解开身上的绳子，如何才能尽快逃离现场而不被人发现。另外，还要时刻观察绑匪的动向。一旦发现机会，就要果断逃生。

# 女孩更要培养自我保护意识

　　由于工作关系，琳琳妈要在美国生活几年，为了方便照顾女儿，她便把上小学的琳琳也接了过去。

　　这年暑假，琳琳爸远赴重洋，飞到美国去看 11 岁的女儿。因为长时间没有看到女儿，对女儿的印象还停留在小女孩的阶段，所以一见到女儿，琳琳爸就把琳琳抱在怀里，让她坐在自己的腿上说话。

　　谁知，琳琳却挣脱了爸爸的怀抱，说："你不能让我坐在你腿上，我们老师说了，如果我们自己不愿意，就是爸爸也不可以，否则就是性骚扰。"

　　听了女儿的话，琳琳爸惊得是目瞪口呆："我是因为爱你，才会抱你啊！你懂什么叫性骚扰吗？我是你爸爸，怎么会骚扰你呢？我们是中国人，我们有我们的伦理观念的！"

　　可是琳琳却坚持说："我们老师说了，不管什么民族都不可以。您有什么话就好好说吧。我们老师还说，如果有男性强迫可以报警！"

顿时，琳琳爸被噎得哑口无言……

女童被猥亵、强奸的新闻层出不穷，如果那些受到伤害的孩子能像故事中的琳琳一样，从小就知道如何保护自己，是不是就不会发生那么多的惨剧呢？

的确，很多女童之所以会遭到性侵，跟她们缺乏性自我保护意识有很大关系。所以，家长在关注孩子学业和身体发育的同时，培养她们的自我保护意识是刻不容缓的。事实上，在女孩子十岁左右，也就是她们能听懂道理的时候，家长就可以给她们灌输相关知识了。

那么，家长如何与孩子沟通这类自我保护意识呢？建议参考以下几点。

### 1. 公开和孩子谈谈性骚扰

家长要开诚布公地和孩子谈一谈，告诉她，身体哪些部位是隐私部位，是不能让别人随便看和随便摸的。同时要让孩子知道，如果有异性在她不愿意的情况下抚摸她，让她感到不舒服，那么即便那人是你的父亲，也要坚决地说"不"。

### 2. 告诉孩子不要随便单独与异性相处

很多女童遭性侵，都是单独与异性相处导致的。所以，家长一定要告诫孩子，任何时候，都不能随便与异性单独相处，即便是自己的老师、爸爸妈妈的朋友也不可以。同时，还要告诫孩子，不能轻易去男同学家；去女同学家时，如果对方有哥哥或者父亲在家，要随时和女同学待在一起，并及早离开。

### 3. 告诉孩子不要轻易跟任何男人走

有报道显示，95%的性犯罪，都是亲人、朋友、同学，或者父母的同事等熟人造成的。然而现实生活中很多人，尤其是小孩子，一看此人是熟人，很容易就会听信对方的花言巧语，跟着对方走。所以，家长一定要提醒孩子，没有父母的允许，任何时候都不能轻易跟任何男人走。

### 4. 告诉孩子无论发生什么，都要让父母知道

很多家长一旦发现孩子被性骚扰，就会先责备孩子，这是不对的。孩子很容易因为害怕被责备而不敢告诉大人，直到出事。所以，家长应该吸取这样的教训，告诉孩子，不管发生什么，都要让父母知道，因为父母永远是她坚强的后盾，永远都会保护她。只有这样，孩子在受到性骚扰时，才会在第一时间告诉父母，从而将伤害降到最低。

### 5. 让她知道，没什么比生命更重要

孩子遭遇性强暴，其影响是终生的。在多数情况下，她们都会封闭自己。因为她们认为自己不纯洁了，而且害怕别人发现了会指指点点。所以，一旦发生不幸，很多孩子在受到肉体伤害的同时，还饱受精神摧残。这时候，家长一定要做好心理疏导，让她明白，这不是她的错。同时要告诉孩子，没什么比生命更重要，只要她能够保住生命，其他一切都不重要。只有这样，孩子才能慢慢走出心理阴影。

# Part 10

# 现在的财商教育，是给孩子未来的财富

# 早点给孩子灌输理财知识

　　正确的理财能力是当代社会每个人都必须具备的，这种能力的培养最好从少儿阶段就开始，5~12 岁是对孩子进行理财教育的关键期。

　　同很多能力的培养一样，理财教育也要循序渐进地进行，应遵循孩子智力发展的规律，在不同年龄阶段采取不同的教育方法。在美国，对儿童理财教育的要求是，3 岁时能够辨认硬币和纸币，4 岁时能够在购买商品时做出选择，5 岁时知道钱是怎么来的，6 岁时具有"自己的钱"的意识，13 岁时开始打工赚钱，学习运用一些简单的投资工具。这种教育方式值得我国的家长反思。

　　作为正面管教型的家长，必须在对孩子的家庭教育中加入培养理财能力这一条。大致而言，可以分为以下三个阶段。

### 1.5 岁之前，让孩子对金钱有个明确的概念

　　两三岁的孩子，在听到大人谈论有关钱的话题时，好奇心会促使他们询问一些相关问题。家长可以借此向孩子讲解这方面的内容，在潜移默化中向孩子灌输

正确的金钱观。因为 5 岁之前的孩子大多只对具体的东西感兴趣，没有办法理解抽象概念。所以在这个阶段，家长只需要向孩子传授一些简单的金钱知识。比如告诉他们，钱币和钱币之间在数额上有大小之分；没有办法把商品买光，所以必须做出选择；定期把钱放在储蓄罐里，积攒到一定数量，就可以实现一定的心愿。

一些不良消费习惯的养成，往往在 5 岁前就初露端倪了，家长要能够拒绝孩子的无理需要。不过，有时候很可能家长费尽了口舌，孩子却仍坚持想要某个东西。对这个年龄的孩子来说，这很正常。重要的是，要让孩子习惯听到家长说"不"，并能知道为什么。

### 2.6~12 岁，让孩子学会理性消费，并开始就接触银行

这一阶段的孩子对金钱的处理能力有所提高。所以，加强他们理智消费的观念尤为重要。家长要让孩子学会挑选一些物美价廉的商品；可以每周或每月给孩子固定的零花钱，但要告诉他们不可预支；如果需要额外的花费，必须讲出合理的理由。在孩子提出非合理需求时，家长要帮他们学会区分"需要"和"想要"。让孩子知道，并不是自己的所有需求都应该得到满足，并渐渐学会控制自己盲目消费的欲望。家长每次去银行时，可以把孩子带在身边。久而久之，孩子就会学会如何开户和存取款，并且对储蓄和利率等知识形成更为深刻的认识。

### 3.13~16 岁，让孩子养成良好消费习惯的同时开始自己赚钱

这一阶段的孩子独立意识、思维能力都有所增强，在早期理财教育的基础上，家长还应该让他们留心家庭的财务开支；养成先比较再消费的习惯；消费上有所计划，做到收支平衡；把打工挣的钱省下一半，用做学业开销及以后上大学的费用。此外，家长还应该积极为这个年龄段的孩子创造自己赚钱的机会。

# 告诉孩子钱是怎么赚来的

由于缺乏生活经验，很多孩子不知道家里的钱是怎么来的，而且对家长给的钱有一种无所谓的态度，觉得来得很容易。这会使孩子在无形中养成花钱大手大脚的坏习惯，不知道节约和珍惜。

小妍要上幼儿园了，妈妈为了培养她的理财意识，决定交学费的时候带她一起去。路上，小妍问："为什么要把这么多钱交给幼儿园呢？"妈妈顺着小妍的问题，告诉她上幼儿园交的学费主要用来支付老师工资、买玩具和学习用品、修建小朋友游戏用的操场等。同时，妈妈还告诉小妍，交学费的钱是家长赚来的，这和幼儿园老师的工资一样，都是通过工作得到的。

虽然只是交学费路上的简单对话，却让小妍知道了为什么要交钱才能上幼儿园，让她意识到钱是需要付出劳动才能得到的东西，不是凭空而来的。只有知道了金钱的获取是需要付出辛劳的，孩子才会珍惜；只有清楚了父母为家庭承担着多大压力，孩子才会更加体谅父母，进而养成从小节约的好习惯。

### 1. 让孩子知道父母每天都在做什么

孩子知道父母每天不在家是上班去了，也许还知道每个月末父母会领工资。但尚显稚嫩的他们，只知道父母的工资可以用来给自己买好东西，可工资到底是个什么概念还不能准确理解。于是，大多数的孩子就会将注意力放在金钱的用处上，而忽略了父母在工作中的辛劳付出。只有让孩子真切地感受到父母的工作有多么辛苦，他们才会明确知道金钱是怎么来的，才会明白金钱的来之不易。

### 2. 用暗示的方法让孩子体谅父母的辛苦

当父母劳累了一天下班回到家，孩子却缠着自己陪他玩时，父母该怎样回答孩子呢？是"妈妈太累了，你自己玩去吧"，还是"为了在儿童节的时候实现你的一个愿望，妈妈一整天都在辛苦工作赚钱，所以很累了。你能给妈妈捶捶背吗"。可以理解，一天没见，孩子很想爸爸妈妈，所以很想在爸妈身边撒撒娇。但很显然，前一种回答不够好，因为忽略了孩子的心情。而后一种回答则一举两得，不仅告诉了孩子自己的劳累和不能陪他玩的理由，还可以让孩子体会到父母赚钱的不容易，又借捶背的机会增加了亲子间的互动。

### 3. 让孩子在头脑中形成明确的金钱概念

一个男孩看到邻居家的小朋友有钢琴，自己也想要，于是整天缠着妈妈说这件事。但妈妈没有立刻满足他。在确认了他对学习钢琴确实有兴趣后，妈妈认真地告诉他："钢琴很贵，要花很多很多钱。妈妈要努力工作一段时间，攒够了钱才能给你买。在那之前，你得等一等。"

一年过去了，男孩一直记得妈妈的话。当他再次提到买钢琴的事时，妈妈故意面露难色，十分抱歉地对他说："钢琴实在是太贵了，妈妈还没有攒够钱，你能再等一阵子吗？"男孩虽然有点儿失望，但还是答应了。

到了向男孩履行诺言的时候，这位妈妈从银行取出了 2 万元钱，还特意请银行工作人员将它们都换成面额 10 元一张的，然后把这一大堆钱带回家摆在男孩面前，告诉他想买一架钢琴要花掉这么多钱。男孩看到了，惊讶得张大了嘴。

妈妈的苦心没有白费，男孩理解了一架钢琴的价值，不仅很自觉地加以爱护，学起琴来也非常认真。因为这是妈妈辛苦工作了很长时间，用"很多很多"的钱买来的。

对于孩子来说，买一件东西究竟要花掉多少钱，是没有明确意识的。但当一大堆具体的钱摆在眼前时，他会突然醒悟。聪明的妈妈用这样的方式让儿子学会了懂得珍惜，更学会了尊重父母的劳动成果。除了这样做，家长还可以给孩子看看家里的账本，让孩子知道家里的日常花销有多少，这也会让孩子对金钱的购买力有一个明确的概念，不会动辄提出一些不合理的要求。

# 教孩子理性消费，合理分配零花钱

很多孩子甚至成年人都存在着一种不良的消费倾向，对金钱没有概念，身上有了钱就想花出去，看中了什么就一定要买下来，可买了没多久就开始后悔。面对孩子这种"想要就买"的非理性消费，妈妈该怎样应对呢？

一位妈妈带着 5 岁的女儿逛超市。女孩看中了一个笔记本，想让妈妈买给她。妈妈亲切地对她说："我们先来看看这个笔记本要多少钱。哦，10 元，你觉得是不是有些贵呢？它只是稍微精致了一些。它旁边那个也不错啊，页数差不多，却只要 6 元钱。如果我们买了 6 元的这个，省下的 4 元钱就可以买你最喜欢的果冻。你想要哪个呢？"女孩想了想，选择了便宜的那个。东西都选好了，妈妈又拿出一些钱给女孩，请女孩帮自己结账。

这个故事里，在整个购物的过程中，妈妈在尊重女儿意愿的前提下，既给了女儿充分的选择权利，又教给女儿先比较再购买的理性消费知识，还利用结账的机会锻炼了女儿对金钱的认知能力。

事实上，在消费过程中，因为孩子在个性上有所差异，家庭环境各有不同，所以出现的问题也不尽相同。

### 1. 面对无限索取的孩子，要对他们说"不"

有些孩子见到什么就想买什么，一出门就向妈妈索要各种东西，不管自己需不需要，一旦遭到拒绝就大哭大闹。这时，妈妈要坚定自己的立场，不能为了平息孩子的哭闹而满足他们的要求。一定要告诉孩子：如果用哭闹或发脾气的方式要某样东西，要求一定不会被满足。面对一些无理的购物要求，可以用缓兵之计，不马上答应，但也不完全否定，利用这段时间冷却孩子的购物冲动。此外，面对这种类型的孩子，家长的态度一定要保持一致。

### 2. 面对冲动消费的孩子，要让他们更加理性

有些孩子看到自己想要的东西会立即决定购买，但是买到手不久又觉得买得不值或者发现自己并没有多喜欢，因此觉得吃亏、后悔。容易冲动是孩子的特征之一，所以冲动消费也往往是他们比较容易采取的消费方式。当孩子为了自己冲动购物后悔时，妈妈要及时加以安慰，避免他们产生自责和怀疑自己选择能力的情绪。对这种类型的孩子，最好的办法就是让他们学会货比三家。

*为了帮儿子选一辆物美价廉的自行车，妈妈带着儿子转了 5 家自行车专卖店。最后，她用省下来的钱为儿子买了一副他向往已久的羽毛球拍。*

这位妈妈就用自己的行为为孩子做出了很好的示范，让孩子对性价比有了更深刻的认识，也学会了精打细算。

### 3. 面对花钱无度的孩子，要让他们学会做预算

有些家长对孩子的零花钱管理得非常宽松，这让他们养成了花钱无度的坏习惯。

多多从上小学起，就经常能从爸妈那里得到零花钱。他总是一拿到钱就立刻去买些自己喜欢的东西，见到什么买什么，别的同学买什么他就跟着买什么。每次钱花光了，就再向爸妈要，而爸妈从来没有拒绝过。就这样，多多的钱越花越多，越花越没有节制。

过年前，家里大扫除的时候，妈妈在多多的房间里发现了一堆"破烂"，十几张打了卷儿的海报、几支大同小异的玩具枪、各种造型的塑料人……看着这些东西，多多自己都感到奇怪：这些东西是什么时候买的呢？怎么现在看起来一点也不喜欢了呢？

细细一算，还不到一年，多多花在这些东西上的钱就足足有上千元！多多后悔不已。多多的父母这才意识到，他们从来就没对多多零花钱的使用有任何要求，平时也不清楚他要钱都做了些什么。

对于这种类型的孩子，妈妈可以将零花钱的发放定时定量，而且告诉孩子平时不会再随要随给。妈妈还可以帮孩子建立账本，让孩子知道零花钱用在了哪些地方，学会有计划地管理。值得注意的是，不要大量减少甚至停止给孩子零花钱，或是用粗暴的方式控制孩子的购物欲望。因为零花钱突然减少会让孩子渴望购买的欲望更加强烈，转而力图通过其他途径来满足自己的需求。

# 让孩子了解储蓄和投资知识

储蓄和投资是培养孩子理财能力的重要方法，短期来看，有助于孩子养成不乱花钱的好习惯；长远来看，有利于孩子及早具备独立生活的能力，在快速发展、竞争激烈的社会中，具有可靠的立身之本。

正面管教认为，孩子的储蓄意识应该从小加以培养。美国有一本畅销书《钱不是长在树上的》，书中在谈到孩子的储蓄原则时提出了这样的建议：可以把零花钱放在三个罐子里。第一个罐子里的钱作为日常开销，用来购买必需品；第二个罐子里的钱作为短期储蓄，用来为购买较贵重的物品积攒资金；第三个罐子里的钱长期存在银行。

如果孩子想买一件不太贵的玩具，家长可以为他制订一个计划，每天把零花钱的一部分存起来，一共需要存多少天。这样，孩子就会有目的地积攒零花钱，得到玩具时，会比轻而易举地从妈妈那里得来的更加珍惜，也懂得了积少成多的道理，渐渐有了储蓄的概念。

为了鼓励孩子储蓄，家长可以陪孩子一起去银行，用孩子的名字开一个账户。当孩子在存单或存折上见到自己的名字时，会让他们觉得自己长大了。而这样做的另一个好处是，能让孩子切实体会到钱不是随便就可以从银行取出来的，必须先赚来钱才能存到银行里。家长可以每隔一段时间和孩子一起算一算，孩子的账户里得了多少利息，并教孩子一些计算利息的方法。

　　当孩子的储蓄金额积累到一定程度时，家长可以适时地教孩子一些投资的方法。孩子有很强的探索欲望，当他们知道用适当的方法可以让金钱变多时，就会对投资充满兴趣，并为此而积极努力起来。


　　10 岁生日的时候，罗斯要求得到一台割草机作为生日礼物，妈妈满足了他的愿望。那年暑假，他靠替人割草赚了 400 美元。罗斯的父亲建议他用这些钱做点投资，于是，罗斯决定用来买股票，并且从此对股市产生了兴趣，开始阅读报纸的财经版内容。对此，他的父亲感到很欣慰，毕竟股票不像是玩过就随手扔掉的玩具，从中得到的投资经验将伴随罗斯一生。

　　一天，父亲一本正经地告诉罗斯："罗纳尔多宣布退役了，你珍藏的那些他的签名照现在卖得可火了。"罗斯立刻脱口而出："那我把积攒的那些大罗的签名照还有球衣都卖了吧！"于是在以后的几天里，罗斯在网站上拍卖了那些照片和球衣，结果价格一路飙升，他又靠自己小赚了一笔。


　　家长不要认为孩子还小，理解不了关于投资的大道理。事实上，只要将投资意识巧妙地融入生活中，孩子自然就会对此产生浓厚的兴趣。当孩子在投资的过程中获得了收益，就没有什么能阻挡他对金融知识的喜爱和钻研了。

# 鼓励、培养孩子的赚钱意识

正面管教型的家长会让孩子明白，钱不是平白无故就可以得到的。对此，美国孩子经常从家长那里听到的就是"要花钱，自己赚"。美国家长不允许孩子在需要用钱的时候只会向父母伸手，而是要求他们通过自己的能力去赚钱。在中国，"自力更生""奋发图强"也一直在被倡导。显然，我们并不缺乏这样的口号，缺乏的是家长们实施这些口号的勇气。对此，家长们平时应注意引导孩子从小树立"要花钱，自己赚"的意识。

一位妈妈向朋友介绍了自己教育女儿学会赚钱的好方法。

女儿自从上了幼儿园大班就开始知道向家里要钱了。"我想要8角钱买张喜羊羊的贴画""明天上课要用彩色铅笔，给我5元钱"……这样的要求几乎每天都有。一天，我不耐烦了，一本正经地对她说："想要钱，自己去赚。"

"可是，我不会呀。"听声音，女儿还挺委屈。

"你可以帮家里做些力所能及的活，刷碗、扫地、擦桌子、倒垃圾，都可以挣到钱。"

"这样也可以呀？太好了！"这种新鲜的提法让女儿很感兴趣。

可没过两天，女儿又对我说："妈妈，我干了小半天，累得腰酸背痛才赚到两元钱，有没有少出力又能多赚钱的办法呢？"

我想了想，告诉女儿："你可以用脑力赚钱，如果你能给家里提一个好的建议并且被采用的话，就给你体力劳动3倍的工资。"结果女儿的建议非常多，而且其中一些确实不错。

现在女儿上小学二年级了，我们还一直沿用按劳取酬的政策，她的零花钱几乎都是自己赚的。现在她不仅爱劳动，还很爱动脑筋。

钱如果来得比较容易就不太会去珍惜，但如果是自己辛苦赚到的钱用起来就大不一样。从小给孩子灌输"要花钱，自己赚"的思想，不仅能够促使孩子经济独立，还会让孩子的心理更早地成熟起来。

美国十大财团之一的摩根财团的创始人当年是靠开杂货店起家的。发家之后，他对子女的教育极其严格，其中一条规定就是孩子们每个月的零花钱必须通过做家务来获得。他最小的儿子托马斯因为不干活，经常得不到零花钱，生活非常节省。他了解之后就对儿子提出了尽量省钱不如尽量赚钱的建议。后来托马斯变得非常勤奋，想出了很多新的家务劳动项目，零花钱也渐渐多了起来。

其实生活中并不缺少让孩子自己赚取零花钱的机会，而他们也并不缺少勇气和力气。只是在那之前，需要一些来自家长的引导。

一个男孩在父亲朋友的帮助下，联系到一个卖鱿鱼丝的生意，上家发出的价格是每千克 50 元，下家接货的价格是每千克 60 元。男孩跑了几家批发市场，打了几个电话就赚到了 1200 元。除了用赚的钱买了一辆自行车外，在父母的启发下，他还给那位长辈买了一套茶具。

这个男孩在赚钱的过程中既体验到了做生意的乐趣，又了解了人情世故。虽然只是一件小事，却可以让他产生这样一种理财意识：任何一种商品都存在差价，而只要有差价就有钱可赚，自己赚钱并不难。

# 告诉孩子：君子爱财，取之有道

　　培养孩子的赚钱意识是好事，然而一些父母在此过程中反复对孩子强调金钱的重要性，想以此激发起孩子对金钱的向往，但这样做有可能使孩子养成一种用金钱来衡量一切的习惯，形成金钱万能的拜金主义思想，步入社会后就可能成为那种眼里只有钱、缺少人情味的人，甚至为了赚钱不择手段。这种教育会扭曲孩子的人生观、价值观和世界观，甚至法律观念，会带来诸多严重后果。

　　父母都不希望自己的孩子成为一个为了金钱而不择手段的人，更不愿他们的一生因为金钱而毁灭，因此父母一定要尽早让孩子知道：君子爱财，取之有道。那么，怎样让孩子深入理解这句话呢？

## 1. 让孩子知道钱不是万能的

　　父母要让孩子知道，钱不是万能的东西，很多东西是金钱不能给予的。钱是我们所需要的，却不是我们生活的全部。

为了纠正儿子金钱可以解决一切的观念，妈妈可谓煞费苦心。看到媒体上关于因患绝症医治无效而死亡的报道，妈妈就会对儿子感慨一番："即便是亿万富豪，在绝症面前也往往无能为力。"儿子会赞同地点头："看来金钱并不是万能的。"一次，儿子随学校外出郊游，妈妈特意没有给他带水，而是让他多带了一些钱。回来后，儿子感慨地说："荒郊野岭的，连买水的地方都没有，有钱都花不出去。还好我和同学关系都不错，不然就活活被渴死啦。看来，朋友比钱靠得住。"在妈妈的引导下，儿子的价值观慢慢发生了改变。

一旦孩子陷入金钱至上的误区，家长可以参考这位妈妈的教育方法，慢慢纠正孩子的错误认识。

### 2. 让孩子知道金钱是一把"双刃剑"

父母要告诉孩子，每个人都有权利追求金钱，然而，金钱是一把"双刃剑"：既能够满足人们物质和精神的双重需求，让人感到愉悦；同时，又能给人带来物质和精神的双重失落，让人陷入痛苦的深渊。

金钱的取得方式不同，就会赋予金钱不同的色彩。靠自己的智慧和勤劳依法获得的金钱，让他人信服，让自己坦然，花这样的钱就会觉得十分愉悦；通过不法手段得来的钱财，不仅遭世人唾弃，还会因害怕被人发现而感到恐慌，花这样的钱可以说是十分痛苦的。

生活中往往有一些人通过贪污受贿、坑蒙拐骗、偷盗、赌、抢等方式获取钱财，父母应该教育孩子，对于那些通过非法手段获得的钱财要不为所动，不要羡慕那些"今天是人，明天是鬼"的所谓的"富人"。要教育孩子，人只有心安才能身安，不义之财只会让人整天不得安宁，甚至惶惶不可终日。

### 3. 循循善诱，帮助孩子改掉不良行为

一旦发现孩子有偷钱等不良行为时，家长不要惊慌，更不要责骂孩子，而要

心平气和地把道理给孩子说清楚，并讲明这样下去的危险性。要向孩子灌输这样的道理：不义之财害人害己，坏习惯很可能会给自己的人生甚至生命带来负面影响。而金钱对于生命和尊严来说，是微乎其微的。家长也可以经常让孩子思考一些这样的问题：为什么很多盲目拜金的人最后的下场都很悲惨？为什么要钱不要命的思想和做法是大错特错的？为什么走歪门邪道发不了财？……

### 4. 结合生活实例教育孩子

日常生活中，那些合法或不合法赚钱的事例屡见不鲜，如某商家销售伪劣产品，坑害了消费者；某人因为贪污公款被抓，等等。家长可以结合这样的实例，向孩子说明这样做的危害，让孩子直观地去感受怎样做效果最佳。

# 教孩子以节俭为荣，以浪费为耻

现在的孩子，大多生活在衣食无忧的环境里，即使家里生活并不十分宽裕，也是由家长承担了一切压力。不知生活艰辛的孩子，花钱大手大脚，吃饭挑肥拣瘦，衣服要常换常新。对于孩子的这些浪费行为，家长往往在抱怨过后继续迁就。还有一些家长认为绝对不能让自己的孩子比别的孩子差，一味地满足孩子的各种要求，让孩子变得越来越任性，虚荣心越来越强。

在一所小学里，捡拾的物品堆满了一整间屋子，大至羽绒服，小至坐垫、文具，都是半新或全新的东西。学校多次广播，要求学生认领，却一直没有人去。

一次家长会上，校领导对家长讲了这件事，申明再无人认领就处理给废品收购站，可也只有几个家长带着孩子去认领。

有个学生说："我们买新的还来不及，这些被淘汰的，大多是我们自己丢的，当然没有人去认领了。"

现代社会里，虽然人们的生活水平得到了普遍提高，但世界资源短缺仍是一个不争的现实。与整个社会的浪费现象相比，孩子们的浪费现象尤其让人痛心，而这与相关教育的缺乏直接相关。美学大师朱光潜曾经说过"有钱难买幼时贫"，身为正面管教型家长，要以身作则，为孩子创造俭朴的家庭环境，并教导孩子树立以节俭为荣、以浪费为耻的观念。

培养孩子的节俭意识，可以从一些小事做起。比如，吃饭时不剩饭，吃不了的饭菜不随意扔掉；用水时有意识地调小水龙头，用完后马上关紧；节约用电，光线充足时不开灯，用完后随手关灯；没写满的作业本和纸张不丢弃，可以留做草稿纸，养成双面用纸的好习惯。只要细心一些，生活中处处可以找到教育孩子节约的好素材，家长要让"节约光荣、浪费可耻"的观念在孩子幼小的头脑中扎根。

平时，家长还可以带孩子去菜市场转转，告诉他各类蔬菜的价格，给他算算全家一顿饭的成本。如果孩子要买 8 元钱一盒的冰淇淋，不妨告诉他 8 元钱可以买多少蔬菜，而这些蔬菜三口之家一顿也吃不完。通过这样的比较，孩子也许就会恍然大悟："原来 8 元钱可以买这么多菜呀！"当他了解了 8 元钱在生活中意味着什么时，很可能会主动对父母说："那我还是别买冰淇淋了，买根便宜的冰棍也挺好的。"通过这些方式，孩子了解到钱在生活中扮演的重要角色，会对自己的消费行为和消费习惯有所反思，从而知道节约的意义。

"易拉罐 19 个，矿泉水瓶 21 个，报纸 5 斤，能卖 6 块钱，交这个月的电费绰绰有余了。"谈起寝室基金，高中生阿南一脸的高兴。在寝室里，阿南最先提出，把大家看过的旧报纸和喝光的饮料瓶带回寝室攒起来一起卖，卖得的钱当作寝室基金。室友们都很赞同。后来，寝室里每个月卖废品的钱除了交电费外，还有剩余，就用来买一些大家都需要的东西。阿南指着衣架、鞋刷和洗洁精说，这些全是用卖废品的钱换来的。

据了解，在他们的带动下，学校里还有几个寝室也有了这样的寝室基金。经常在这所学校回收废品的张师傅说，现在的学生好像变"小气"了，以前每天都能在学校小树林里的石凳上捡四五斤报纸，现在感觉少多了。

德国音乐大师贝多芬曾经说过："把美德、善行传给你的孩子们，而不是留下财富，只有这样才能给他们带来幸福。"虽然钱是自己的，但资源是整个社会的，我们要对孩子大力提倡节俭的美德，这对孩子的成长、对社会的发展都有着重要意义。

# Part 11

# 放慢脚步，陪孩子一起成长

# 给孩子启发，让孩子爱上音乐

我国音乐家冼星海曾经说过："音乐，是人生最大的快乐；音乐，是生活中的一股清泉；音乐，是陶冶性情的熔炉。"孩子的生活中不能缺少音乐。音乐会给孩子的身心发育、智力发育带来很大益处。

如今，很多妈妈已经意识到了对孩子进行音乐教育的重要性。要想培养孩子的音乐修养，妈妈首先要为孩子创造良好的音乐环境。"一个家庭里有音乐，并不一定能让孩子成为音乐家；而一个家庭里没有音乐，则孩子绝对不会成为音乐家。"孩子能否在音乐上取得成就与天赋有一定关系，但这并不代表没有天赋的孩子就不能学音乐。要知道，学习音乐并不是一件多么严肃的事，重要的是让孩子享受到音乐带给自己的快乐。一位妈妈是这样做的。

为了让女儿的生活更丰富多彩些，我想让她学一门乐器。但咨询了老师，了解到女儿的乐感并不是很好，而她也没有对哪种乐器特别感兴趣。于是，我决定先从培养女儿的乐感开始，慢慢引导她。

每天，我都让她的生活中充满了音乐。女儿起床时、吃饭中、临睡前，家里播放的音乐节奏都各有不同，或活泼有力，或优美舒缓，或轻松细腻。即便是给女儿讲故事的时候，我也会配合当天的故事情节，有意识地选择和谐的乐曲做伴奏，增强情感的渲染。有时，我还鼓励女儿跟随音乐的节拍随心所欲地做动作，也买来了跳舞毯，全家一起娱乐。现在，女儿已经能够主动放一些自己喜欢的曲子给我们听了，偶尔还会对我们说些自己的评价。

当美妙的音乐充满了孩子的生活时，孩子对音乐的感受能力和自身的节奏感一定会得到很大程度的提升。

妈妈要引导孩子选择适合自己的乐器。小孩子学东西，最容易三分钟热度。想让孩子将学习音乐的热情坚持下去，为他们选择合适的乐器就很关键。3岁以下的孩子肺活量比较小，最好不要选择吹奏类的乐器。4~5岁的孩子可以开始学习键盘乐器，基本掌握了音准和节奏感之后，再转学弦乐器效果会更好。

当孩子主动提出想要学习某种乐器的时候，妈妈要分清这是他一时心血来潮做出的决定，还是经过思考后下定的决心。必须注意的是，妈妈要尊重孩子选择乐器时的意愿，以引导为主，让孩子自己做决定。如果妈妈将自己的想法强加给孩子，不仅不能激发孩子的音乐才能，白白浪费时间和金钱，还有可能导致孩子对学习音乐产生厌烦心理。

此外，为孩子选择合适的老师也是很重要的。孩子年纪还小，比较容易情绪化。比起严肃认真、能力高超的教授，也许他们更喜欢亲切和蔼的大学生姐姐。妈妈要及时了解孩子的想法，要让音乐课成为他们的期待，而不是负担。

# 孩子学舞蹈，少不了你的坚持

舞蹈和音乐一样，都是有灵性的艺术。学习音乐更注重心灵的渲染，而学习舞蹈能够更直接地塑造优美的形体。学习舞蹈的孩子经过长期训练，身姿会更加挺拔，举手投足间处处表现出优雅的气质。

舞蹈对孩子来说是很好的才艺项目。那么，具体来说，妈妈该怎样引导孩子学习舞蹈呢？

## 1. 发现孩子的舞蹈天赋，并加以培养

很多孩子在两三岁的时候，听到音乐就会随之手舞足蹈起来。妈妈可以利用这个契机培养孩子对舞蹈的兴趣，平时可以多让孩子看一些少儿文艺节目、歌舞表演等，让孩子直观感受到舞蹈的优美，并建议孩子模仿节目里的舞蹈动作。如果孩子确实表示对舞蹈有兴趣、想学习，妈妈可以为孩子选报一些舞蹈兴趣班。建议先从民族舞学起。当然，也可以先让孩子对不同的舞种有一个初步认识，然后依照他们的兴趣为他们选择舞种系统学习。

需要注意的是，孩子进行专业舞蹈学习的年龄不宜过小，5~12岁是少儿身体发育的重要时期，孩子在这一阶段进行舞蹈学习，对自身的成长大有裨益。

### 2.为孩子创造表演机会，锻炼孩子的心理素质和舞蹈能力

平时，妈妈要鼓励孩子参加各种演出活动，比如，学校组织的文艺汇演、小区举办的联欢活动，等等。妈妈也可以在家里举办一些亲朋好友的聚会，让孩子自信地展示自己的学习成果。

### 3.要鼓励孩子坚持下去

年纪比较小的孩子耐性和吃苦能力都不是很强。学习舞蹈一段时间后，他们很容易产生退缩心理。这时，妈妈不能因为一时心软让孩子中途放弃，要及时对孩子的成绩给予肯定。当孩子看到自己的学习成果，有了一定的自信以后，通常会选择继续坚持下去。

　

燕子学习艺术的先天条件不是很好。学舞蹈，她体形偏胖；学声乐，她的嗓音有点哑；学钢琴，手指偏短的她也不具潜力。咨询了老师后，妈妈为她选择了美术班。但每当看到电视里那些轻盈优雅的舞者，燕子心里的舞蹈梦还是会触动她。

半年后的一天，又看到少年宫里那些穿着漂亮舞裙的女孩，燕子终于受不了了。她哭哭啼啼地跟妈妈说："妈妈，我不想学画画了。我喜欢的是跳舞！"考虑到当初让燕子学画画只是自己的一厢情愿，妈妈答应了燕子的请求。但是她对燕子提出了要求：学习舞蹈很辛苦，决定了就不能再退缩。燕子很爽快地答应了。可没想到，改学舞蹈没过多久，燕子又是一脸沮丧地告诉妈妈："妈妈，我不想学跳舞了。比起其他同学，我太胖了。老师说我的腰太硬。同学都笑话我不像燕子，像鸭子。"

理由听起来很充分，但妈妈没有心软。让燕子上特长班的初衷就是为了培养

她的一种爱好，让她多一些艺术修养，不是一定要让她学有所成。看着委屈的女儿，妈妈坚定了要让燕子学会负责，能够直面困难、挑战自我的信念。从那以后，妈妈为燕子制订了合理的练习计划，利用每天晚饭前的一段时间陪她练习。功夫不负有心人，母女二人的辛苦终于有了成效。几个难度较大的动作燕子都顺利过关了。有妈妈一直以来的鼓励和陪伴，坚定了态度的燕子再也没有说过要退缩的话。

小孩子都是怕苦、怕疼的。想让孩子掌握一种技能，妈妈既要尊重他们的选择，也要在他们退缩不前的时候态度坚决地给予鼓励。这不仅是为了让孩子能够拥有一份才艺，更是对他们意志力的磨炼。这样长大的孩子，日后才能真正做到有所坚持、有所成就。

# 让孩子学学书法，练就一颗沉静的心

　　科技发达的现代社会中，书法已经失去了它的实用性，成了艺术和美的象征。对现代人来说，能够写一手漂亮的毛笔字，不再是一种基本的生存技能，而是拥有了一门宝贵的才艺。学习书法，能够提高孩子的审美能力和艺术修养，还有助于调节情绪。它能够让孩子的身心得到放松，心态变得平和。

　　如今，越来越多的妈妈了解到学习书法能给孩子带来各种好处，为孩子学习书法提供大量的物质支持。除了为孩子选择好的毛笔和适合的字帖外，对于一些不擅长书法的妈妈来说，为孩子选个好老师也是必需的。怎样教孩子一笔一画地练习，这些技术问题是老师的事。但想让孩子练好书法、持之以恒地坚持下去，还需要妈妈的密切配合。一位母亲介绍了她配合老师帮助儿子学习书法的经验。

　　几个月前，我领着儿子去少年宫报了书法班。刚开始，他连毛笔都拿不好，有时候甚至像用铅笔一样用毛笔。那时我看了总是很着急，就握着他的手一笔一划地教他。没想到，儿子第二次上完书法课回来的时候对我说："妈妈，以后你不要再帮我写了。老师说这样不好。他让我自己动手，想怎么写就怎么写。"听了儿子的话，我开始反思是不是自己管得有点宽了。可是每当看到他握笔的样子，我还是忍不住想去纠正。这时他总会用老师的话来教育我。我索性就不再管了。

我知道"三天打鱼，两天晒网"是学习书法的大忌。如果不能坚持下去，还不如不练。十几天不写，偶尔心血来潮地写上几十张，是没有用的。每天能坚持写上两三张，反倒会有些成效。为了让儿子养成坚持的好习惯，每当他写字的时候，我都会陪着他一起写，还时不时地让他给我讲讲新学到了哪些技巧。现在，儿子不需要我陪，自己就能定时定量地完成练习。而我也养成了每天都要写几张的习惯。

没有家长不望子成龙、望女成凤，但学习书法不是一朝一夕就能出成果的事。小时候我也学过书法，知道对孩子来说，练习书法是很枯燥乏味的。所以我告诉儿子要把练字当成一种乐趣，而不是任务；不追求数量，而要重视质量。我要求他只要能把字写得比过去好一些就可以了。即使练不出什么大的成就，能修修心也是一种收获。

没想到，儿子的毛笔字写得越来越像那么回事了，虽然还比不上那些写得很好的同学，但一些基本笔画和简单的字已经写得很不错了。


书法是一种技巧性很高的艺术，想要把字写得漂亮、有艺术性，不是一件容易的事。它必须经过长时间的刻苦练习，想要一蹴而就是不可能的。所以，妈妈不要对孩子抱有太高的期望，希望孩子学习几个月就得个什么奖回来。

平时，妈妈要多称赞孩子取得的进步。进展不大的时候，妈妈也不要训斥他们，应该帮孩子找出具体原因，让他们有针对性地加以改进。如果孩子有些灰心气馁，妈妈可以让孩子比较自己初学时写的字和现在写的字，看到进步会增强他们的自信心。为了提高孩子对书法的兴趣，妈妈还可以给孩子讲讲那些大书法家的故事。此外，妈妈还可以带孩子参观书法展览，参观有碑刻的名胜古迹，开阔孩子的眼界。

# 给孩子铺上画纸，让他的想象驰骋

会画画的孩子，往往能够发现身边环境中一些容易被人忽略的细微之处，并用自己的画笔将其中的悲喜展现出来。小小年纪的孩子因为学画已经有了很好的审美能力，不仅能够自己搭配衣服，还不时地指导家长的着装问题："爸爸，你穿浅色的衬衫显得更儒雅。""妈妈，你该穿长裙，短裙体现不出你的独特气质。"

那么，妈妈可以从哪些方面入手，来培养孩子的绘画能力呢？

## 1. 让孩子多接触大自然，从中获得感悟

闲暇时间，妈妈可以多带孩子到大自然的广阔天地中去观察那些美的东西。所见所感会是孩子学习绘画的最佳教材和最好课堂，往往能够引发孩子更多的创作热情。为了让孩子的观察更有针对性，妈妈不妨给孩子提出一些明确的任务。比如，带孩子去动物园看猴子前，对孩子提出这样的要求：留心观察猕猴皮毛的颜色、四肢的比例、尾巴的形状以及行动时的姿态等。教孩子学会观察，能有效提高孩子的绘画能力。

### 2.让孩子充分发挥想象力，大胆创作

孩子美术作品的独特魅力，就在于其中充满的神奇想象力。他们有时会把大海画成方形的，把陆地画成漂浮的，把阴天的太阳画成戴着墨镜的，把满天星星画成手舞足蹈的。孩子画画时的那种任意而为、纯真夸张的想象对于他们将来的成长大有裨益。

　　正在美术学院读大三的宁乐是个绘画水平非常出色的女孩。她的画，因为奇特的想象、大胆的用色而常常被教授称赞，也屡屡获奖。对此，宁乐表示，一切都归功于自己的妈妈。

　　宁乐从小就爱信手涂鸦。小学的时候，妈妈送她去美术班学习没多久，她就有了一个参加学校绘画比赛的机会。信心十足的宁乐得到消息就专心致志地画了起来，结果一气呵成，很快就画好了参赛作品。没想到，比赛结果出来的时候，宁乐发现自己并没有得奖。失落的她找到学校的美术老师询问原因。老师告诉她："你的画结构不错，用笔也很自然，但着色与实际不符。拿云彩来说，白色的云彩就被你画成五颜六色的了。"宁乐回到家，向妈妈诉说了自己的委屈。妈妈想了想，就邀请宁乐明天中午一起欣赏云彩。

　　第二天，天气非常好。妈妈陪宁乐站在自己家的阳台上，一起看天上的云彩。妈妈问宁乐："云彩是什么颜色的？"宁乐有些不甘愿地说："白色。"妈妈笑了笑，递给宁乐一副自己的太阳镜，让宁乐戴上再看。宁乐戴上之后，发现云彩变成粉色的了。接着，妈妈又让宁乐戴上爸爸的太阳镜试试。这回，宁乐发现云彩又变成棕色的了。她兴奋地对妈妈说："妈妈，我看到五颜六色的云彩啦！"妈妈郑重地告诉宁乐："乐乐，你的画并没有错。按着自己的想法大胆去画吧。"

　　听了妈妈的话，宁乐没有获奖的伤心和失望一扫而光。后来，妈妈把那幅画投给了一家儿童杂志，结果被发表了，编辑老师对宁乐的想象力大大称赞了一番。

不论孩子的画画成什么样子，妈妈都应该尊重他们的想法，因为那是他们从自己的视角看到的世界，有自己想要表达的感情在里面。

### 3. 即使孩子的画不够理想，也要多鼓励孩子

通常，孩子到了三四岁就会开始到处乱涂乱画了。家里的墙面、桌子，甚至地板，往往都难逃大花脸的"厄运"。其实，这正是孩子学习绘画的启蒙阶段。妈妈在这一阶段对孩子持有的态度将直接影响他们日后对绘画的看法。

只要孩子有足够的积极性，妈妈就应该鼓励孩子，适当的鼓励能给初学绘画的孩子带来很大的动力，会促进他们的绘画能力逐步提高。

总之，对孩子来说，绘画并不是可有可无的。它对推进孩子的心智健康发展有着积极的作用。而孩子对绘画的兴趣，既源于天性，也离不开妈妈的悉心培养。妈妈要让孩子在画纸上无拘无束地驰骋自己的想象，表达自己的情感。

# 阅读，让孩子的生活丰富多彩

自从放了暑假，乐乐感觉自己一下子就闲了起来。因为他每天除了要写几页暑假作业，基本就没什么事了。11 岁的他，已经不再迷恋《喜羊羊》那样的动画片了，他觉得太幼稚。可是想出去玩会儿吧，奶奶又不放心，总得跟着。乐乐是个很懂事的孩子，他觉得奶奶年纪大了，总跟着他肯定会累。所以，他每天只能尽量减少外出的时间。

但是，对于一个孩子来说，这样的假期实在是太无聊了。百无聊赖的他，只能向妈妈求助，而妈妈给他的建议是"阅读"，并且给了他一本《十万个为什么》。乐乐抱着试试看的心态，不太情愿地读了起来。结果这一读，乐乐立马着了迷。在接下来的几天里，他"废寝忘食"地读着里面的内容，再也不觉得无聊了。之后，乐乐便爱上了阅读，他让妈妈给自己买了好多书回来，什么童话故事、历史趣闻科普知识，没有他不喜欢的。

不知不觉中，暑假结束了。当妈妈问他感觉这个暑假过得如何时，乐乐开心地说："太有意义了，我学到了好多课本上学不到的知识呢！"

14 岁之前是一个人阅读的关键期，但现在的孩子平时课业繁重，一般是没有多少时间阅读课外书的，只有假期比较轻松，甚至有些无所事事，就像故事里的乐乐，所以，家长应该充分利用起假期这个时间段，让孩子体验阅读的乐趣。

那么，如何才能让孩子爱上阅读呢？建议做到以下几点。

**1. 为孩子营造阅读的氛围**

对于孩子来说，家庭的氛围非常关键，要想让孩子爱上阅读，家长无论身在何处，也无论条件如何，都应该为孩子营造一个读书的氛围，做喜欢读书的家长。比如，你和孩子可以人手一本书，各看各的，也可以陪着孩子一起读书。

**2. 图书馆是孩子的"第二书房"**

对于工作忙碌，无暇照顾孩子的家长来说，与其假期里把孩子锁在家里，倒不如把他送到附近的图书馆。图书馆不仅有数量庞大、类型丰富的各种图书，还有安静的阅读环境。在这样的环境中，孩子很容易受到影响，从而养成主动阅读的好习惯。

**3. 让孩子在家里能读到书**

有的家庭，到处都充斥着高科技电子产品，书却少得可怜；还有一些家庭，书倒是不少，但都整整齐齐地码在书柜里，孩子根本够不到。这些都属于让孩子读不到书的情况。要想让孩子读到书，家长首先应该在家里多放一些书，然后放在孩子伸手就能够到的地方。这样，孩子才能随时随地地阅读。

**4. 挑选适合孩子阅读的书**

如何让孩子读到适合他的书，家长要花一番心思。比如，对于识字量较少的低年级孩子，家长最好选一些故事性强、文字少、图画多的故事书；而对于理解能力强的高年级孩子，家长则应该扩大他的阅读范围，在故事书的基础上，在增加一些科普类、历史类的书籍。因为不同类型的书，能带给孩子不同方面的知识，如果孩子总看同一类型的书，将不利于开阔视野，也无法提升学习不同类型知识的能力。

最后需要一提的是，家长让孩子阅读时，最好不要太功利，比如，强制孩子写读后感、做读书笔记等，因为很多好书对孩子的影响是潜移默化、润物无声的，只要孩子用心读了，就一定会有收获。写读后感、做读书笔记反而可能会禁锢孩子的思想，甚至让孩子产生逆反心理。

# 假期里，不要剥夺孩子娱乐的权利

看着手中的成绩单，已上小学五年级的天天有些失落，因为他觉得自己在考试中没发挥好。还好，回家后妈妈看到成绩单并没有说什么。可是到了第二天，天天就知道自己没那么容易"逃过一劫"了——妈妈一下班，就对他说，为了帮他提升成绩，已帮他报了几个辅导班，明天就开始上课。

这个消息对于天天来说，无异于晴天霹雳，因为这样一来，他的计划就全被打乱了。别的还好说，最主要的是，他已经跟同学约好这几天要出去玩的，现在妈妈却让他上辅导班，他都不知道怎么跟同学说了。可是，妈妈决定的事，向来难以改变。天天不能做任何反抗，只能乖乖地答应。

上了辅导班以后，天天的时间每天都被安排得满满的，这让他觉得比平时上学还累。看着别人家的孩子在外面玩耍娱乐，天天的心里除了羡慕，更多的是不平衡，所以慢慢地，他竟有了一种厌学情绪，上辅导班时，根本提不起精神听老师讲课，回家后也不愿意再做任何作业……

假期来临时，孩子和家长都会面对一个重要的问题，那就是假期里是否给孩子补课。其实，一个学期的紧张生活已经让孩子紧绷的弦接近临界值了，如果你把他本该用来休息的假期也给占用了，那么孩子的那根弦迟早会断掉。因此，在假期里，不能让孩子因为贪玩而荒废了学业是不假，但家长也不能因此就剥夺了孩子娱乐的权利，让孩子整个假期都处于紧张的学习状态。那么，家长该如何把握这个尺度，帮孩子度过一个愉快而又有意义的假期呢？

### 1. 让孩子有独立的空间和朋友一起做事

假期来了，让孩子和朋友一起做点事，他会觉得更快乐、更有存在感。而且，孩子在独立的空间里和朋友一起解决问题时，还能提前获得独自处理事情的机会，变得爱思考、爱动手，这将对培养孩子自强自立的精神大有益处。

### 2. 鼓励孩子看有意义的电视节目

对于现在的孩子来说，看电视几乎是他们在假期里必不可少的节目。既然这是不可改变的事实，那么家长不妨把这件事好好利用起来，引导孩子看一些有意义的电视节目，让其感受外面的世界。比如，可以让孩子看看《百家讲坛》，来了解一下中国的历史和人文；也可以让孩子看看《今日说法》，以培养其法律意识，等等。

### 3. 尊重孩子的兴趣爱好

现在绝大多数孩子都有一两项自己最喜欢的课外活动。但是平时由于学习任务繁重，孩子可能根本顾不上。所以在假期里，家长应该给孩子充分的自由，允许孩子花更多时间在自己的兴趣爱好上面。因为家长对孩子兴趣爱好的尊重，能让孩子的主动性和好奇心得到更好的呵护。而孩子的这股劲头一般都会延展到自己的学习上，所以，让孩子花时间在自己的兴趣爱好上，看似"不务正业"，实则激发了他的上进心，对学习有益无害。

# 多彩假期，夏（冬）令营不可少

随着暑假的临近，四年级的晴晴最近一直在听同学们讨论假期安排。大家有说要跟爸爸妈妈出去旅游的，有说要回乡下姥姥家的，还有说要学跳舞的，但说得最多的，就是去参加夏令营。

夏令营这个词，晴晴早就听同学说起过，据说非常有意思，但是她却从没参加过。看同学们大都有参加夏令营的计划，晴晴便也动了心。于是，她回家跟妈妈说了自己的想法。

妈妈听了晴晴的话，也觉得这个主意不错，就决定给女儿报一个。可是她上网一查，顿时傻了眼：组织夏令营的机构太多了，面对五花八门的夏令营招生广告，她一时间竟不知道该怎么选……

很多家长都希望孩子能够通过夏（冬）令营，学到一些在学校和家庭中学不到的东西。而事实也证明，一场好的夏（冬）令营活动，的确可以让孩子有不小的收获。可是很多家长在给孩子选择夏令营时，往往会像晴晴妈那样，不知道该怎么选。其实，为孩子选一个最合适、最有效的夏（冬）令营也没那么难，只要考虑到以下几点即可。

### 1. 看主办方的实力和背景

家长在为孩子选择夏（冬）令营时，首先应该考虑的就是主办机构的实力和背景。如主办机构是否为知名、有权威的教育机构，是否有 2~3 年或以上连续操作夏令营的经验等。一般来说，大家都认可的品牌机构，往往对夏（冬）令营这样的主题教育实践活动有比较全面的把握，从策划到操作都有充分的质量保证，所以更值得信赖。

### 2. 看主题形式是否符合自己的需求

现在的夏（冬）令营，形式多样，有能带领孩子体会不同国家文化和生活的海外夏（冬）令营；有能强化孩子某一方面兴趣和特长的主题夏（冬）令营；也有能全面补充传统教育不足，培养孩子独立意识，提高孩子综合素质的综合夏（冬）令营。家长在做选择时，不能盲目跟风，而应该立足孩子自身的具体情况来选择。

### 3. 看内容安排是否合理

一个主题明确的夏令营，从宣传、组织，到开、结营活动，到专题讲座、互动交流、参观体验，再到后期服务，活动的主题几乎是贯穿始终的，可见，要衡量一个夏（冬）令营的优劣，它的内容安排不可忽视。所以，家长在做选择时，要多问一问相关细节，看具体的内容安排是否在围绕这个主题展开，活动是否有创意，是否考虑了青少年的特点，等等。

### 4. 看安全机制是否完善

无论什么时候，安全都是头等大事，所以，一个优秀的夏（冬）令营活动，必须拥有一套完善的安全机制。比如，活动会用何等级别的交通工具，司机是否有经验；活动制定了怎样的安全保障制度；面对突发状况，有什么紧急措施；有无药品和急救用品配备；晚上是如何管理的；活动是如何保障的；是否配备了安保人员，等等。

### 5. 看后续服务

很多人认为，夏（冬）令营结束后，主办方的责任和义务也就终止了。其实不然。因为夏（冬）令营的体验，只是孩子们开阔视野、改变观念、培养习惯的开始，想要让他们真正有所收获，更多的是需要家长和主办机构在以后的日子里对孩子进行督促和帮助。

所以，一个好的夏（冬）令营，会在闭营后继续与孩子和家长保持联系，为他们提供大量的后续服务，如定期的回访，为孩子定期答疑解惑，等等。

总之，家长在为孩子选择夏（冬）令营时，只要把以上几方面都考虑到了，就会选到最合适、最出色的那个。

**图书在版编目（CIP）数据**

好妈妈不吼不叫，正面管教孩子的100个细节 / 唐昕
著. -- 南京：江苏凤凰美术出版社，2018.10
ISBN 978-7-5580-4280-5

Ⅰ．①好… Ⅱ．①唐… Ⅲ．①家庭教育 Ⅳ．①G78

中国版本图书馆CIP数据核字（2018）第188910号


责任编辑　曹昌虹
装帧设计　瑞雅书业·李玲珑　　陈卓通
责任监印　唐　虎



| | |
|---|---|
| 书　　名 | 好妈妈不吼不叫，正面管教孩子的100个细节 |
| 著　　者 | 唐　昕 |
| 出版发行 | 江苏凤凰美术出版社（南京市中央路165号 邮编：210009） |
| | 北京凤凰千高原文化传播有限公司 |
| 出版社网址 | http://www.jsmscbs.com.cn |
| 印　　刷 | 小森印刷（北京）有限公司 |
| 开　　本 | 710mm × 960mm　1/16 |
| 印　　张 | 16 |
| 版　　次 | 2018年10月第1版　2018年10月第1次印刷 |
| 标准书号 | ISBN 978-7-5580-4280-5 |
| 定　　价 | 36.80 元 |

营销部电话　010-64215835-801

江苏凤凰美术出版社图书凡印装错误可向承印厂调换　电话：010-64215835-801